Walter Schmidt · Wie führe ich richtig?

WIE FÜHRE ICH RICHTIG?

PERSONALFÜHRUNG MIT AUTORITÄT

WALTER SCHMIDT

VDI VERLAG

CIP-Titelaufnahme der Deutschen Bibliothek

Schmidt, Walter:
Wie führe ich richtig? : Personalführung mit Autorität / Walter Schmidt.
— Düsseldorf : VDI-Verl., 1990
ISBN 3-18-400957-2

Printed in Germany

ISBN 318-400957-2

Inhalt

1 Einführung 1

2 Grundlagen der Autorität 3

2.1 Kurzer Abriß der Geschichte und der Inhalte des Autoritätsbegriffes und der relevanten Führungsstilforschung 3

2.1.1 Kurze Darstellung der Entwicklung des Autoritätsbegriffes 3

2.1.2 Autoritärer versus demokratischer Führungsstil 8

2.2 Autorität, Macht und Verantwortung 16

2.2.1 Macht und Autorität 16

2.2.2 Autorität und legaler Machteinsatz 20

2.2.3 Autorität und Verantwortung 21

2.3 Persönliche Voraussetzungen der Autorität 26

2.3.1 Fachautorität 27

2.3.2 Persönliche Autorität 29

2.4 Organisatorische Voraussetzungen der Autorität 38

2.4.1 Legal-positionale Voraussetzungen der Autorität 38

2.4.2 Funktional-aufgabenbezogene Voraussetzungen der Autorität 41

3 Entwicklung und Pflege der persönlichen Autorität betrieblicher Vorgesetzter 43

3.1 Förderung der Autorität des Vorgesetzten durch Führungsgrundsätze 46

3.2 Die Komponenten der persönlichen Autorität 54

3.2.1 Entwicklung von Führungsstärke und persönlichem Stehvermögen 54

3.2.2 Förderung von Sachlichkeit, Objektivität und Klugheit 62

3.2.3 Entwicklung und Förderung der Besonnenheit, Entwicklung der Selbstbeherrschung 68

3.2.4 Die Umsetzung der Gerechtigkeit im Betriebsleben 74

3.2.5 Vertrauen als Grundlage für die persönliche Autorität 87

3.2.6 Pflege des Verantwortungsbewußtseins 94

3.3 Entwicklung und Pflege der persönlichen Autorität des Vorgesetzten 96

3.3.1 Analyse der Ausgangssituation — unabdingbare Voraussetzung für die Planung der individuellen Entwicklung 97

3.3.1.1 Checkliste als Anregung zur Erarbeitung persönlicher Entwicklungsziele 97

3.3.1.2 Checkliste zur Entwicklung einer von den Komponenten der persönlichen Autorität geprägten Vorgesetztenpersönlichkeit 110

3.3.2 Zielbewußte Weiterentwicklung der Persönlichkeit 115

3.3.2.1 Weiterentwicklung der Persönlichkeit am Beispiel der Überwindung von Minderwertigkeitsgefühlen 119

3.3.2.2 Weiterentwicklung der Persönlichkeit am Beispiel der Verbesserung der zwischenmenschlichen Beziehungen 123

3.4 Mitarbeiterführung durch persönliche Autorität 126

3.4.1 Eingreifen des Vorgesetzten bei nicht tolerierbaren Abweichungen im Leistungs- und Sozialverhalten der Mitarbeiter 127

3.4.2 Der Stellenwert der Anerkennung des Mitarbeiters in der Personalführung 136

3.4.3 Die Motivation der Mitarbeiter — ohne anerkannte Autorität ein schwer lösbares Problem 143

Literatur 150

1 Einführung

Die überragende Bedeutung der Autorität ist aus dem Bereich der Personalführung nicht wegzudiskutieren. Jeder Praktiker macht immer wieder die Erfahrung, daß ohne ausreichende Autorität die Durchführung seiner Führungsaufgabe sehr erschwert wird. Anerkannte Autorität ist notwendig zur Erreichung betrieblicher Ziele und zur Entstehung eines Betriebsklimas für eine vertrauensvolle Zusammenarbeit. Wenn Vorgesetzte versagen — und das ist heute nicht selten der Fall —, dann ist der Mangel an Autorität hierfür die häufigste Ursache.

Nicht zu übersehen ist aber — auch in der Industrie und Administration — das Unbehagen an Fehlformen der Autorität. Etwa wenn die funktionale, aus der übertragenen betrieblichen Aufgabe hergeleitete Autorität Anspruch auf Fügsamkeit erhebt, ohne eine erkennbare, entsprechende Qualifikation vorzuweisen. Wenn nicht ein Verhältnis von Mensch zu Mensch entstanden ist, erhebt nur ein Funktionsträger Einfluß auf einen anderen Funktionsträger. Dieses angesprochene Unbehagen an der Autorität, die Autoritätskrise unserer Zeit, ist keineswegs auf das Arbeitsleben beschränkt. Spätestens seit der Studentenrevolte der 60er Jahre sind die Begriffe „Autorität" und „autoritär" zu pauschalen Bezeichnungen negativ zu bewertender Zustände geworden. Im Trend unserer Zeit liegen die „progressive Gewalt" und die „große Verweigerung", die sich gegen jede Form der Autorität richten; etwa gegen die Autorität der Eltern, der Älteren, gegen alle, die sich in irgendeiner Weise Emanzipationsansprüchen entgegenstellen. Mehr oder weniger pauschal abgelehnt werden persönliche, institutionelle und traditionelle Autorität ebenso wie die von Ämtern, Betrieben, Gruppen, Konventionen und Gesetzen. Autorität gilt für viele, insbesondere für die heranwachsende Generation, als Wurzel allen Übels.

Gegen dieses Unbehagen ist ein Autoritätsbegriff zu setzen, der sich an einem unserer Zeit angemessenen Menschenbild orientiert. Der

Mensch ist eine mit der Fähigkeit zu eigenverantwortlicher Lebensgestaltung begabte Persönlichkeit. Dieses Menschenbild, wie es das Bundesverfassungsgericht (im Band 5 der Entscheidungen des Bundesverfassungsgerichts) beschreibt, steht in der abendländischen Tradition. Hiernach ist der Mensch ein geistiges Einzelwesen mit einem selbständigen Gewissen und mit der Fähigkeit zu eigenverantwortlichem Handeln.

Im Teil 2 dieses Buches werden die Grundlagen und Begründungen der Autorität dargestellt. Dem vornehmlich an der praktischen Anwendung interessierten Leser ist es anheimgestellt, sich gleich dem anwendungsbezogenen Teil 3 zuzuwenden.

2 Grundlagen der Autorität

2.1 Kurzer Abriß der Geschichte und der Inhalte des Autoritätsbegriffes und der relevanten Führungsstilforschung

2.1.1 Kurze Darstellung der Entwicklung des Autoritätsbegriffes

Für die Denker der griechischen Antike war Autorität notwendig, um Chaos und Anarchie zu verhindern. Nach *Platos* Lehre haben Autorität und Freiheit eine unauflösbare Einheit zu bilden. Im platonischen Verständnis vom Gemeinwesen sollen Autorität und Ordnung einerseits und Freiheit und Vernunft andererseits sich gegenseitig stützen. Die Freiheit war nach *Aristoteles* ein politischer Begriff; der Bürger war im Unterschied vom Sklaven frei. Durch willkürliches Verhalten würde nach *Aristoteles* die Freiheit gefährdet. „Aus der Demokratie entwickelt sich, wenn Freiheit im Übermaß bewilligt wird, die Tyrannei. Gleichheit ist die Parole! Eltern und Kinder, Lehrer und Schüler, alt und jung, alle sind gleich. Der Vater fürchtet den Sohn, und der Sohn hat keinen Respekt vor den Eltern. Der Lehrer fürchtet die Schüler und schmeichelt ihnen, und die Schüler verachten die Lehrer. Schließlich tolerieren die Bürger keine Art von Autorität und Gesetz. Sie tolerieren keinen Herrn über sich. Die Folge ist letzten Endes Tyrannei“ (*Plato,* 427 v. Chr.).

Im römischen Schrifttum finden sich für die Autorität zwei verschiedene Ausdrücke: „auctoritas“ und „potestas“.

Von auctoritas ist die Rede, wenn die Meinung einer Person akzeptiert, anerkannt wird, wenn ihre Wünsche, Erwartungen, Forderungen erfüllt werden, ohne daß sie ein Recht hat, Gehorsam zu verlangen, oder die Macht, sich durchzusetzen. Diese Autorität beruht auf Eignung, auf überlegener Einsicht und Selbstlosigkeit. Hinzu kam, daß derjenige, der so Autorität ausübte, dies nicht unverbindlich tun konnte. So unterwarf man sich freiwillig demjenigen, dem man vertrauen konnte. Auctoritas legitimierte sich durch Sachkenntnis, Verbindlichkeit, Vertrauen und Selbstlosigkeit.

Während man sich der so beschriebenen auctoritas freiwillig unterwarf, verfügte die „potestas" über Amtsgewalt; sie verfügte über die Machtmittel, den Anordnungen und Weisungen Gehorsam zu verschaffen. Zur potestas gehörte aber nicht nur die Macht, sondern auch die Berechtigung, das Recht zum Machteinsatz.

Für die heutige Auffassung von Autorität hat die mittelalterliche, religiös orientierte Sichtweise nur eine geringe Bedeutung. Die heutige Auffassung läßt sich stärker vom Geist der Aufklärung leiten. „Habe den Mut, dich deines eigenen Verstandes zu bedienen", war der Wahlspruch der Aufklärung. Die Vernunft wird zum Maß aller Dinge und so zur eigentlichen Autorität erhoben. In der Zeit der Aufklärung entstand ein Autoritätsdenken, das bis in die Gegenwart nachwirkt.

Zum geschichtlichen Wandel des Autoritätsbegriffes sei aber schon an dieser Stelle angemerkt, daß es oft gerade diejenigen Programme waren, die sowohl den Autoritätsabbau betrieben als auch neue Autoritäten setzten. Dies belegt beispielsweise die Französische Revolution oder der marxistisch-leninistische Autoritätsbegriff. Bei *W. I. Lenin* ist Autorität lediglich eine andere Bezeichnung für die Diktatur der kommunistischen Partei: „. . . Quelle der Autorität . . . kann nur die Partei sein."

Nach *Pribilla* (1930) bedeutet Autorität haben im weitesten Sinne eine irgendwie geartete Überlegenheit. Das kann eine Überlegenheit des Wissens (Gelehrter), des Willens (Führernatur), der Glaubwürdigkeit (Zeuge), des Amtes (Staat) oder der bloßen Macht (der Stärkere) sein.

Strohal (1955) arbeitete den Begriff der tatsächlichen Autorität heraus. „Wir sprechen immer dann von tatsächlicher Autorität, wenn

— gewisse Urteile oder Wünsche einer Person (oder einer Gruppe von Personen) als vorhanden angesehen werden; wenn
— andere Individuen sich diese Urteile oder Wünsche zu eigen machen, ohne dies erst von dem Ergebnis ihrer Überprüfung abhängig zu machen; wo aber

— diese Urteile oder Wünsche nicht darum unmittelbare Zustimmung finden, weil eine solche einfach aus ihrem Inhalt hervorgeht, sondern weil sie hauptsächlich durch ein Gefühl des Vertrauens oder durch eine ähnliche Beziehung zu jenem motiviert ist, der die betreffenden Urteile aufgestellt hat oder dem sie wenigstens zugeschrieben werden.

Diese Person oder Instanz wird dann als Autorität bezeichnet, man sagt, sie habe Autorität, es werde ihre Autorität anerkannt." *Strohal* betont den Beziehungscharakter der tatsächlichen Autorität: „Nur weil ein Kreis von Menschen oder wenigstens ein Mensch da ist, der sich die Urteile eines anderen zu eigen macht, bezeichnen wir diesen als eine Autorität. Wenn dieser Kreis von Menschen verschwindet, so hört dieser Betreffende sofort auf, Autorität in diesem Sinne zu sein. Er könnte immer noch kenntnisreich, scharfsinnig, hilfreich, ein edler Charakter usw. sein, die tatsächliche Autorität hätte er nicht mehr."

Strohal weist bei der Abgrenzung seines Autoritätsbegriffs auf das Phänomen der berechtigten Autoritätsforderung hin. Bei der tatsächlichen Autorität besteht das Wesentliche in der Anerkennung. In der berechtigten Autoritätsforderung haben die Menschen einer bestimmten Gruppe die Pflicht, dem berechtigten Autoritätsanspruch zu entsprechen. Das Wesen der berechtigten Autoritätsforderung liegt in der Pflicht, in einem Sollen. Wenn ich davon spreche — so *Strohal* —, daß ich mich in einer bestimmten Weise verhalten soll, daß ich zu einem bestimmten Verhalten verpflichtet sei, so liegt darin,

— daß es sich dabei um ein wertvolles Verhalten handelt,
— daß von einer Seite, die hierzu berechtigt ist, der Wunsch oder Auftrag vorliegt, daß ich dieses Verhalten anstrebe,
— daß ich imstande bin, dieses Verhalten zu wollen, es anzustreben,
— daß ich nicht hierzu gezwungen bin, sondern daß mir auch die Möglichkeit zu einem anderen Verhalten des Willens offensteht,
— daß es sich bei dem, was ich anstreben soll, um etwas „Wertvolles, Gutes" handeln muß,
— daß es mir als Ganzes genommen wertvoll erscheinen muß, mögen auch einzelne Bestandteile, für sich herausgegriffen, nicht meine Billigung finden (*Strohal,* 1955).

Das Sollen beschreibt *Strohal* als „innere Stimme", an anderer Stelle als „Forderung des Gewissens". Letztlich leitet Strohal die berechtigte Autoritätsforderung aus dem „sittlichen Gebot" ab. Seine Überlegungen über die berechtigte Autorität führen ihn sodann zur Amtsautorität. „Jede berechtigte Autoritätsforderung ist dadurch bestimmt, daß ihr eine Aufgabe zuteil geworden ist (daß ihr ein Amt verliehen wurde), welche sie zu erfüllen hat, daß ihr somit ein Recht übertragen wurde, Forderungen zu stellen, die von einen bestimmten Kreis als verpflichtend anzuerkennen sind; das geforderte Verhalten muß auf Wertverwirklichung angelegt sein. Für die berechtigte Autoritätsforderung ist das Vorhandensein einer mit Recht aufgestellten Forderung nach Anerkennung charakteristisch" (*Strohal*).

Nach *Beintker* (1980, zit. nach *Padberg*, 1984) ist Autorität im weitesten Sinne Urheberschaft und dadurch Ansehen aufgrund einer allgemein anerkannten Leistung oder Machtbefugnis und findet Anwendung auf maßgebende Persönlichkeiten, aber auch auf normsetzende Institutionen. Autorität bezeichnet eine erworbene oder übertragene Vollmacht, die mit Verantwortung und Stärke über Personen, Sachen und Institutionen wahrzunehmen ist.

Rosner (1983) definiert: „Autorität ist das Recht, Weisungen zu geben und Entscheidungen zu treffen, aber auch die Möglichkeit, auf das Verhalten einzelner oder von Gruppen einen maßgeblichen Einfluß auszuüben. Zur Autorität gehört, daß man Gehör findet, daß Weisungen befolgt werden. Autorität setzt also die Bereitschaft zu Gehorsam voraus. Sie ist die Anerkennung des Rechts, Weisungen zu geben und deren Erfüllung zu kontrollieren."

Der Soziologe *Weber* (1976) setzt Autorität weitgehend mit Legitimität gleich und stützt damit das, was als Amtsautorität bezeichnet wird. Seiner Ansicht nach werden die Menschen denen, die sie für illegitim halten, nicht gehorchen. Daraus folgt für *Weber*, daß sich stets angeben läßt, wann in einer Gesellschaft Autoritätsbewußtsein vorhanden ist — dann nämlich, wenn die Menschen freiwillig den Autoritätsträgern gehorchen.

Schmidt-Mummendy (1976) definiert im Lexikon der Psychologie Autorität als Status einer Person in einer Beziehung zwischen zwei oder mehreren Individuen, der durch die Möglichkeit gekennzeichnet ist, die anderen in dieser Beziehung oder Gruppe in ihren Meinungen, Urteilen, Bewertungen und Entscheidungen zu beeinflussen und zu lenken; eine ziemlich ähnliche Definition haben auch *Drewer, J.* und *W. D. Fröhlich* (1968) im Wörterbuch der Psychologie vorgelegt.

Neske (1984) beschreibt im Management-Lexikon Autorität als die Geltung oder das Ansehen, das eine Person oder Gruppe besitzt. Je nachdem, auf welcher Grundlage diese beruhen, unterscheidet man verschiedene Arten von Autorität. Die Herrschaftsautorität gründet sich auf Tradition, Privilegien, Glaubensvorstellungen; demgegenüber bekommen die Inhaber der Auftragsautorität diese widerrufbar übertragen. Gesamtautorität kann auf Alter, Charisma, Geschlecht usw. beruhen. Leistungsautorität, Sachautorität, Spezialistenautorität basieren auf bestimmten Fähigkeiten oder Kenntnissen, die zur Erfüllung einer bestimmten Aufgabe erforderlich sind. „Geachtete Sachverständigkeit als Legitimitätsnachweis, Weisung oder Auftrag als Änderung der Autorität und kritische Prüfung als Form der Folgeleistung“ sind Kriterien für die funktionale Autorität (*Hartmann*, 1964). Delegierte Autorität (Amtsautorität) hängt von der Stellung des Betreffenden ab, originäre Autorität gründet sich auf Wissen, Können und Leistung. Autorität als Ordnungsprinzip regelt die sozialen Interaktionen in Organisationen. Autoritäre Einstellung jedoch (z. B. Untertanengeist) provoziert willkürliche Befehlsherrschaft und totalitäre Ideologien. Demokratische Organisationsformen sind nur existenzfähig bei kritischer Einstellung zur Autorität (*Neske*, 1984).

Zusammenfassung

Autorität beruht

- auf persönlichen Voraussetzungen wie Überlegenheit, Stärke, Wertorientierung; dazu zählen überlegenes, situationsbezogenes Wissen und Können, Urteilsvermögen; Vertrauenswürdigkeit und ethische Wertorientierung; Selbstsicherheit und Gelassenheit. Überlegenheit und Stärke muß sich in konkreten Situationen als problemlösend und hilfreich — als erfolgreich erweisen;
- auf Legitimität, Berechtigung, Verpflichtung gegenüber dem, was getan werden muß, was wertvoll ist etwa im Sinne des Kant-

schen kategorischen Imperativs: „Handle so, daß die Maxime deines Willens jederzeit zugleich als Prinzip einer allgemeinen Gesetzgebung gelten kann."
Berechtigung und Verpflichtung sind an Stellung, Position und Status geknüpft;
— auf der Möglichkeit zum legalen Machteinsatz zur Durchsetzung berechtigter Forderungen, etwa durch Sanktionen.

Autorität zeigt sich, wenn

— Weisungen oder Anordnungen als verbindlich angenommen werden, ohne daß jedesmal der Beweis der Richtigkeit oder Berechtigung erbracht werden muß,
— beim anderen Menschen die Bereitschaft zur Beachtung von Anweisungen und Anordnungen sowie der vorgegebenen oder vereinbarten Ziele vorhanden ist und
— das Recht anerkannt wird, Weisungen zu geben und deren Erfüllung zu kontrollieren.

2.1.2 Autoritärer versus demokratischer Führungsstil

Die Führungsstilforschung befaßte sich immer wieder mit dem autoritären Führungsstil und klammerte den Autoritätsbegriff aus. Zuweilen wurde unkritisch autoritär gleich Autorität gesetzt und beides verteufelt.

Lewin, der Begründer der neuzeitlichen Führungsstilforschung, emigrierte vor dem zweiten Weltkrieg in die Vereinigten Staaten; möglicherweise wurden seine Forschungen initiiert durch die Erfahrungen, die er im „Hitler-Deutschland" gemacht hatte.

a) *Lewin* (1938) gilt als bedeutsamster Gründer der experimentellen Erforschung von Führungsstilen. Er führte am Iowa Welfare Research Center in den dreißiger Jahren ein Experiment durch, das den Einfluß unterschiedlicher Führungsstile auf die Gruppenarbeit untersuchte. Es wurden in verschiedenen Untersuchungsphasen jeweils zwei Gruppen gebildet, die sich hinsichtlich Fähigkeiten, Persönlichkeitsmerkmalen und handwerklicher Geschicklichkeit weitgehend entsprachen. Beide Gruppen erhielten die Aufgabe, Masken herzustellen, wurden jedoch bei der Arbeitsdurchführung unterschiedlich geführt.

Die eine Gruppe wurde „autoritär" geführt, der Gruppenleiter orientierte sein Führungsverhalten an folgenden Kriterien:

- nur eine Vorgehensweise wurde vorgesehen, ohne diese näher zu begründen und ohne auf durchaus mögliche Alternativen hinzuweisen;
- alle Anweisungen ergingen im „Befehlston";
- der Gruppenleiter lobte und tadelte nach subjektiv freiem Ermessen, ohne Begründung;
- die Gesamtgruppe wurde in Kleingruppen geteilt, ohne Rücksicht auf bestehende soziale oder emotionale Bindungen;
- jede dieser Untergruppen erhielt ohne nähere Begründung eine spezielle Arbeit zugeteilt.

Die Vergleichsgruppe wurde „demokratisch" geführt. Der Gruppenleiter erklärte das Arbeitsziel und machte Vorschläge zur Durchführung. Die Gruppenmitglieder diskutierten darüber und brachten eigene Vorschläge ein. Nach Abwägen der Vor- und Nachteile stimmte die Gruppe über den besten Weg ab.

Bei der Durchführung der Arbeit orientierte sich der Gruppenleiter an den nachstehenden Kriterien:

- Die Gruppenmitglieder bildeten nach eigener Entscheidung Kleingruppen.
- Nach ausführlichem Meinungsaustausch wurden Teilaufgaben auf diese verteilt.
- Lob und Tadel — im Hinblick auf konkretes Arbeitsverhalten — wurden sachlich begründet;
- kein Befehlston;
- allen Gruppenmitgliedern waren die jeweiligen Arbeitsziele und auch die Begründungen für die einzelnen Arbeitsschritte bekannt.

Pullig (1981) faßte die Untersuchungsergebnisse der ersten Reihe von Untersuchungen in der nachstehenden Form zusammen:

	autoritär	demokratisch
Gruppenleiter		
Häufigkeit seines Eingreifens	Etwa zweimal sooft wie bei der anderen Gruppe	Deutlich weniger häufig
Art seines Eingreifens	Etwa 60 Prozent des Eingreifens erfolgte mit Befehlen; häufig abwertend	Nur 5 Prozent des Eingreifens mit Befehlen; angestrebt wurde ein sachliches Verhalten, selbständige Problemlösungen gefördert.
Betonung des Wissens des Gruppenleiters	Immer wieder deutlich herausgestellt	Nur schwache Ausprägung
Nachgeben, einlenken	Nur ausnahmsweise	Bei guten Argumenten
Abstand zu den Gruppenmitgliedern	Große soziale Distanz	Vorhanden, doch geringe soziale Distanz
Gruppenmitglieder		
Verhalten der Gruppenmitglieder	Tendenz zur destruktiven Kritik, herrschsüchtig	Gekennzeichnet durch Offenheit, Teamgeist, konstruktive Kritik
Struktur der Gruppe	Erkennbares Rangstreben, Erhöhung des eigenen Prestiges, suchen nach „Schuldigen" beim Mißlingen	Betonung gegenseitiger Hilfe, kaum Rangstreben
Untergruppen	Lösen sich nach Aufgabendurchführung alsbald auf	Überdauern nicht selten den Zeitraum der Gruppenarbeit
Verhältnis zum Gruppenleiter	Erkennbares Bemühen, sich beim Gruppenleiter beliebt zu machen und zu ihm in nähere Beziehungen zu treten	Gesucht wird vor allem die sachbezogene Hilfestellung des Gruppenleiters
Arbeitsantrieb	Weil es der Gruppenleiter will, wird die Arbeit getan. Unterbrechung, Verlangsamung der Arbeit bei nachlassender Kontrolle	Die Arbeitsdurchführung wird als eigenes Anliegen eingestuft; sie leidet wenig bei fehlender Arbeitsaufsicht

Nach der gewonnenen Einsicht der Untersuchungsleiter war bei den „demokratisch" geführten Gruppen die Arbeitszufriedenheit, die emotionale Ausgeglichenheit und die allgemeine Stimmung (morale) eindeutig besser als bei den „autoritär" geführten Gruppen. Die „demokratischen" Gruppenleiter wurden auch als Personen höher geschätzt.

Die autoritären Gruppen leisteten quantitativ, die demokratischen qualitativ mehr. Nach *Lewin* war dadurch nachgewiesen, daß der Führungsstil einen deutlichen Einfluß auf das Gruppenverhalten und die Gruppenleistung hat.

Kritiker an den *Lewin*schen Experimenten bemängelten zum einen, daß die Untersuchungen mit Jungen im Rahmen eines Laborexperimentes durchgeführt wurden. Im Hinblick auf die Übertragung der Untersuchungsergebnisse auf die betriebliche Situation sei deshalb große Vorsicht geboten. Die Gruppen waren in keine betriebliche Organisationsstruktur eingebunden.

Die von den Gruppenleitern gezeigten Verhaltensweisen beschränkten sich auf zwei extrem ausgeprägte Führungsstile. Soweit erkennbar, zielte die Tendenz der Untersuchung auf eine Bevorzugung des demokratisch-kooperativen Führungsstiles. Die emotional vorbelasteten Begriffe „demokratisch", „autoritär" wurden nicht näher definiert. Selbst *Lewin* weist auf die Gefahr des unterschiedlichen Sprachgebrauchs der Wörter „demokratisch" und „autoritär" hin.

Trotz aller dieser Schwächen und Mängel waren die *Lewin*schen Untersuchungsergebnisse wegweisend für die ganze Führungsstilforschung. Die Unterscheidung autoritär—demokratisch führte in eine schon fast ideologisch-sterile Sackgasse. „Autoritär" wurde — sicherlich teilweise zu Recht — negativ gebrandmarkt —, der Blick hin zur Autorität wurde in der sozialwissenschaftlichen Führungsforschung damit verstellt. Mit den Vorbehalten gegen „autoritäres Verhalten" blieb die Forschung stehen, ohne sich um den Autoritätsbegriff selbst gekümmert zu haben.

b) An den Untersuchungen *Lewins* orientierten sich u. a. *Tannenbaum* und *Schmidt* (1958). Sie stellten sich die Frage: Soll sich ein Manager gegenüber seinen Untergebenen demokratisch, autoritär oder dazwischen verhalten? Nach ihrer Meinung ist der richtige Führungsstil von

— den Eigenheiten des Managers, dessen Vertrauen zu seinen Mitarbeitern, seiner eigenen Erfahrung, seinem Wissen, seinem Können, seinen Werten, nicht zuletzt seiner Neigung zu einem mehr autoritären oder demokratischen Führungsstil abhängig; daneben betonen die Autoren
— die Eigenheiten der Untergeordneten, z. B. deren Entscheidungsbereitschaft, deren Unabhängigkeitsbedürfnis, deren Wissen und Erfahrung und deren Wille zur Zusammenarbeit. *Tannenbaum* und *Schmidt* führen weiter aus, daß
— die Eigenheiten der Situation wie Größe, Art der Unternehmung miteinbezogen werden sollten.

Der Ansatz von *Tannenbaum* und *Schmidt* ist aber im Grunde — in Anlehnung an *Lewin* — ein eindimensionaler, wie die nachstehende Übersicht zeigt:

Autoritärer Führungsstil ←					→ Kooperativer Führungsstil
Entscheidungs- und Anordnungsbefugnisse des Vorgesetzten				Freiheitsbereich der Mitarbeiter	
Der Vorgesetzte entscheidet und befiehlt.	Der Vorgesetzte entscheidet und befiehlt, begründet aber seine Entscheidung.	Der Vorgesetzte läßt Fragen zu, bevor er entscheidet.	Der Vorgesetzte legt seinen Plan zur Stellungnahme vor, bevor er entscheidet.	Der Vorgesetzte legt Probleme vor und bestimmt den Entscheidungsraum, innerhalb dessen die Mitarbeiter entscheiden.	Der Vorgesetzte übernimmt gemeinsam mit den Mitarbeitern die entwickelte Entscheidung.

Wie das Kontinuum der Übersicht zeigt, liegen beim linken Extrem die Entscheidungs- und Anordnungsbefugnisse gänzlich beim Vorgesetzten, der die Problemsituation beurteilt und entscheidet. *Tannenbaum* und *Schmidt* weisen in diesem Zusammenhang darauf hin, daß hier die Beeinflussung der Mitarbeiter durch Macht und Zwang erfolgen kann.

Beim anderen Extrem, der äußersten rechten Seite, hat der Vorgesetzte die gleichen Rechte und die gleichen Einflußmöglichkeiten wie die Mitarbeiter.

Dieses eindimensionale — andere Aspekte der Führung vernachlässigende — Schema genießt trotzdem eine weite Verbreitung, vor allem bei der Darstellung unterschiedlicher Mitwirkungsgrade der Mitarbeiter bei der Entscheidung.

Tannenbaum und *Schmidt* erwähnen zwar den Autoritätsbegriff und weisen darauf hin, daß vorhandene Autorität respektiert wird, ohne daß zwangsläufig der Manager als „autoritär" eingestuft wird, ohne jedoch den Autoritätsbegriff zu definieren.

c) *Likert* (1972) bemühte sich schon in den fünfziger Jahren, den Führungsstil erfolgreicher Führungskräfte zu beschreiben, um eine höhere Produktivität, weniger Kosten, eine größere Arbeitszufriedenheit sowie eine geringere Fluktuationsrate u. ä. zu erreichen.

Likert (1972) unterschied vier mögliche Führungsstile nach „der Art der zur Kontrolle und Koordination der unter einem System tätigen Mitarbeiter gebrauchten Modelle".

d) Es ist ein Verdienst von *Lattmann* (1975), die weit verbreitete, auf *Lewin* zurückzuverfolgende, dichotome Gliederung in einen autoritären und einen partizipativen oder demokratischen Führungsstil mit einer mehrdimensionalen Sichtweise gesprengt zu haben. Zur Kennzeichnung des Führungsstiles stellt er verschiedene Merkmale auf, deren jeweilige Ausprägung zu bestimmen ist. *Lattmann:* „Die verwendeten Gliederungsmerkmale sollen eine Erfassung aller Einstellungen und Verhaltensformen des Vorgesetzten ermöglichen, welche für die Gestaltung seiner Beziehungen zu seinen Mitarbeitern erheblich sind. Diese Merkmale müssen unterscheidbar, aber nicht unbedingt voneinander unabhängig sein; vielmehr kann die Ausprägung des einen Merkmals zu jener eines anderen Merkmals führen. So geht mit einer bestimmten Einstellung zum Mitarbeiter nicht jede denkbare Form der Aufgabenstellung einher. In diesem Sinne schließt z. B. eine partnerschaftliche Einstellung zu ihm eine auf bloßem Befehl beruhende Ausrichtung seiner Tätigkeit aus."

Das Schwierigkeitsmaß der Führung nimmt von links nach rechts zu. *Lattmann:* „Je leichter die Erfüllung der Führungsaufgabe ist, desto eher ist es dem Vorgesetzten noch möglich, seine Ziele aufgrund von Weisung und Kontrolle der Arbeitsvollzüge zu erreichen. Je schwerer sie wird, desto mehr hängt die Erreichung dieser Ziele

Einflußfaktoren auf den Führungsstil nach *Lattmann* (1975)

1.	Bedürfnisse des Vorgesetzten	Sicherheit, Zugehörigkeit	Macht-Entfaltung und Leistung
2.	Soziale Einstellung des Vorgesetzten	fehlt	stark ausgeprägt
3.	Einfluß des Vorgesetzten	sehr hoch	sehr gering
4.	Dringlichkeit des zu lösenden Führungsproblems	die Lösung des Problems steht nicht unter Zeitdruck	das Problem muß sofort gelöst werden
5.	Bedürfnisse des Mitarbeiters	Sicherheit, Zugehörigkeit	Autorität, Egalität, Entfaltung
6.	Beziehungen zwischen Vorgesetztem und Mitarbeiter	sehr gut	sehr schlecht
7.	Wirtschaftliche Lage und Bildungsstand der Mitarbeiter	tief	hoch
8.	Artung des Sozialgefüges im Führungsbereich	homogen	heterogen
9.	Umfang des Führungsbereichs	klein	groß
10.	Schwierigkeitsgrad der Aufgabe	gering	hoch
11.	Forderungsmaß, dem die Aufgabenerfüllung genügen muß	gering	hoch
12.	Intensität der arbeitsbedingten Wechselbeziehungen innerhalb der Führungsgruppe	gering (Unabhängigkeit des Arbeitsvollzuges)	hoch (völlig interaktiver Arbeitsvollzug)
13.	Einstellung der Unternehmensleitung	gewährt Freiheitsraum an Vorgesetzte	übt auf Vorgesetzte Druck aus
14.	Organisation der Unternehmung	dezentralisiert	stark zentralisiert
15.	Aufbau der Umwelt	wenig ausgefaltet	sehr komplex
16.	Wirtschaftslage	Hochkonjunktur	Wirtschaftskrise
17.	Arbeitsmarktlage	Arbeitslosigkeit	hohe Anspannung
18.	Zeitgeist	kollektivistisch	individualistisch

von der Einsatzbereitschaft und Einsatzwilligkeit des Mitarbeiters ab."

Bei anspruchsvollen Führungsaufgaben schlägt *Lattmann* den partnerschaftlich akzentuierten Führungsstil vor.

Lattmann diskutiert auch eine andere Möglichkeit der Abstimmung des Führungsstils mit den Einflußfaktoren: „Veränderung von Gegebenheiten innerhalb dieses Einflußgeflechtes, welche für die Verwendung eines angestrebten Führungsstils möglichst günstige Bedingungen schafft."

Auch *Lattmann* tendiert dazu, Macht und Zwang zum autoritären und Freiheit zum partizipativen bzw. partnerschaftlichen Führungsstil zuzuordnen, auch er bemüht sich nicht um eine Klärung des Autoritätsbegriffes.

e) *Sahm* (1977) hat sich in einer Reihe von Veröffentlichungen den Fragen und Problemen einer zeitgemäßen Führung und sich u. a. auch intensiv der Führungsstilproblematik zugewandt.

Obwohl *Sahm* seine Führungsstile vor dem Hintergrund der technischen, organisatorischen Entwicklung darstellt und begründet und — erfreulicherweise — den betrieblichen Zusammenhang mit der Praxis betont, muß doch festgestellt werden, daß er bei der Beschreibung seiner Führungsstile in der durch *Lewin* begründeten Dichotomie: autoritär—demokratisch, bei *Sahm:* imperativ—kooperativ verbleibt.

Sahm betont die Bedeutung der Autorität für die Führung; die Autorität ist bei ihm ein wesentliches Element der kooperativ-partizipativen Führung. Bei *Sahm* reduziert sich die Führungsautorität aber auf „eine Art Service-Funktion", d. h. „sie hat lediglich die Voraussetzungen zu schaffen, daß der einzelne und mit ihm die Gruppe sich leistungsmäßig optimal entfalten kann". Damit kommt nach *Sahm* die „ursprüngliche Bedeutung von Autorität wieder zur Geltung, die das Substantiv des Verbums augere ist, das mehren, fördern bedeutet. Führende aller Verantwortungsebenen werden auf die Dauer nur in dem Maße erfolgreich sein, wie sie Mitarbeiter zu deren persönlichem Erfolg führen." Autorität können nach *Sahm* die Vorgesetzten „nur gewinnen, wenn sie Entfaltungsmöglichkeiten für ihre Mitarbeiter schaffen".

Diese Definition der Autorität enthält sicherlich ein wesentliches Element des Autoritätsbegriffes, ist aber letztlich — wie wir bereits weiter oben aufzeigten — zu eng und nicht annähernd ausreichend für bzw. in einer Welt, die so beschaffen ist, daß sich das Gute nicht von alleine durchsetzt *(Pieper)*.

Diese Skizzierung der Führungsstilforschung anhand von einigen wenigen charakteristischen Beispielen muß zwangsläufig unvollständig bleiben; eine angemessenere Darstellung der Führungsstilforschung haben *Wunderer* und *Grunwald* unter Mitarbeit von *Moldenhauer* (1980) vorgelegt.

Es ging uns darum, herauszuarbeiten, daß der Führungsstilforschung durch die Dichotomie autoritär—demokratisch weitgehend der Blick verstellt wurde auf den tatsächlichen Stellenwert der Autorität in der Führung.

2.2 Autorität, Macht und Verantwortung

Die Begriffe „Autorität" und „Macht" werden nicht selten undifferenziert synonym mit Zwang, Herrschaft, Druck, Gewalt, Einfluß gebraucht. Auch die Verwendung des Begriffes Verantwortung ist nicht selten mißbräuchlich; nach Verantwortung streben wird z. B. manchmal als diskrete Umschreibung für einen „Machtanspruch erheben" gebraucht. Ein Zusammenhang, ein Aufeinanderbezogensein von Macht, Autorität und Verantwortung ist aber sicher nicht von der Hand zu weisen.

2.2.1 Macht und Autorität

Macht wird — etymologisch betrachtet — als Eigenschaft, etwas zu können oder zu vermögen, beschrieben.

In Anlehnung an *Machiavelli* wird Macht als Mittel zur Steuerung, gleichsam als Energie zur Prozeßsteuerung interpretiert. Jeder Mensch habe — in unterschiedlicher Ausprägung — das angeborene Bedürfnis, andere beherrschen zu wollen. Der Machtbegriff schließt aus dieser Sicht die dazu notwendigen Mittel mit ein. Eine

Kernaussage *Machiavellis* besteht darin, daß ein Führer zur Erreichung seines Zieles jedes (Macht-)Mittel einsetzen sollte, das ihm Erfolg bringt: „Ein Fürst braucht nur zu siegen und seine Herrschaft zu behaupten, so werden die Mittel stets für ehrenvoll gelten und von jedem gepriesen werden." Heute wird unter „Machiavellismus"[1]) eine machtbetonte, rücksichtslose Herrschaft verstanden, der es im Grunde nur auf den Erfolg ankommt, gleichgültig mit welchen Mitteln er erreicht wird.

Der englische Philosoph *Hobbes* (1588—1679) betont den Zusammenhang zwischen den individuellen Zielen des Menschen und der Macht. Das Machtstreben beschreibt er als ein Instrument zur Bedürfnisbefriedigung. „So halte ich an erster Stelle ein fortwährendes und rastloses Verlangen nach immer mehr Macht für einen allgemeinen Trieb der gesamten Menschheit, der nur mit dem Tode endet." Macht ist nach *Hobbes* eine persönliche Eigenschaft des Menschen, die es ihm ermöglicht, andere Menschen mit dem Ziel zu beeinflussen, sich selber zu erhalten und zu beeinflussen. Wie groß die Macht eines einzelnen wird, ist abhängig von der mitmenschlichen Umgebung. *Hobbes* weist darauf hin, daß gewisse Dinge nicht geteilt werden können: „Und wenn daher zwei Menschen nach demselben Gegenstand streben, den sie jedoch nicht zusammen genießen können, so werden sie Feinde und sind in der Verfolgung ihrer Absicht, die grundsätzliche Selbsterhaltung und bisweilen nur Genuß ist, bestrebt, sich gegenseitig zu vernichten."

Der Philosoph *Russel* (1872—1980) — ein überzeugter Pazifist und Gegner des Vietnamkrieges der Amerikaner — erkannte, daß der Mensch Begierden hat, die „durchaus grenzenlos und niemals gänzlich zu befriedigen sind" (*Russel*, 1974). Die meisten dieser Begierden zielen nach Macht. *Russel* sieht den Machttrieb als hochbedeutsam an; er definiert Macht „als das Hervorbringen beabsichtigter Wirkungen".

Machiavelli, Hobbes und *Russel* sehen in der Macht ein grundlegendes Phänomen menschlichen Verhaltens. Sie sehen im Drang nach Macht so etwas wie ein Naturgesetz und ein wichtiges Merkmal zur Persönlichkeitsbeschreibung.

---

1) *Machiavelli* selbst lehnte amoralische Methoden im Privatleben ab, hielt sie jedoch in Notzeiten für den Staatsmann noch vertretbar.

Macht wird als ein Steuerungsmittel, als Energie, die zur Prozeßsteuerung notwendig ist, beschrieben.

In der soziologisch akzentuierten Sichtweise wird Macht als Mittel negativer Sanktionen zur Beeinflussung anderer, gegen deren Willen verstanden. „Unter Macht wollen wir hier ganz allgemein die Chance eines Menschen oder einer Mehrzahl solcher verstehen, den eigenen Willen in einem Gemeinschaftshandeln auch gegen den Widerstand anderer daran Beteiligter durchzusetzen" (*Weber*, 1976). Der Autor bezeichnet an anderer Stelle Macht „als Möglichkeit, den eigenen Willen dem Verhalten anderer aufzuzwingen". Als wichtigstes Durchsetzungsmittel sieht er die ökonomische Macht.

Nach *Pearsons* (1976) beruht Macht auf der Drohmöglichkeit mit einer Strafe oder auch mit anderen negativen Sanktionen, die er grundsätzlich als Situationsverschlechterung begreift.

Macht ist aus psychologischer Sicht auf Beherrschung, Unterdrückung und Mißachtung der Bedürfnisse anderer Menschen hin gerichtet; sie wird auch als Instrument zur Beeinflussung anderer Menschen beschrieben. Es werden verschiedene Formen von Macht unterschieden, etwa die Belohnungsmacht, Bestrafungsmacht, Expertenmacht, Legitimitätsmacht (*French* und *Raven*, 1959). Das in der Psychologie häufig beschriebene Macht- oder Dominanzstreben kann in mannigfacher Weise entarten. Etwa zur Herrschsucht, die wie die Selbstsucht durch keinen Machtzuwachs zufriedengestellt werden kann. Rücksichtslosigkeit, Bosheit, Grausamkeit, Haß und Sadismus können Folgeerscheinungen der Herrschsucht sein.

Angesichts der Verheerungen, die fehlgeleiteter und entarteter Machtwillen anzurichten vermag, könnte man versucht sein, die Macht schlechthin als böse und verdammenswert zu betrachten. *Pestalozzi*, ein Zeitgenosse der Französischen Revolution und *Napoleons*, hat dem entgegengehalten: „Nicht die Macht, der Mensch, der sie in der Hand hat, ist schuld . . ."

Im Hinblick auf die besondere Bedeutung der Macht seien in Anlehnung an *French* und *Raven* die verschiedenen Machtarten kurz skizziert:

Belohnungsmacht: Der Beeinflussende hat die Möglichkeit, dem Beeinflußten Belohnungen wie z. B. Beförderung, interessantere Aufgaben, Lohn- bzw. Gehaltserhöhung zukommen zu lassen oder sie zu reduzieren oder gar zurückzunehmen. Er kann zudem negative Ereignisse wie Versetzung oder Freistellung fernhalten.

Bestrafungsmacht: Der Machtinhaber kann ihm abhängig Unterstellten Sanktionen androhen und verhängen, etwa Disziplinarverfahren; er kann aber auch anstehende positive Ereignisse vom Beeinflußten fernhalten. Um den negativen Sanktionen zu entgehen, beugt sich der abhängig Beeinflußte möglicherweise dem Einflußversuch. Für die Belohnungs- und auch Bestrafungsmacht ist es nach *Raven* und *French* notwendig, daß der Beeinflussende kontrolliert, ob der Beeinflußte seinem Willen nachkommt.

Legitimitätsmacht: Diese beruht auf der Anerkennung des Rechts zur Machtausübung durch den Beeinflußten. Rechtsordnung, Geschäftsgrundsätze, Rollenvorschriften, Gruppennormen, Führungsrichtlinien werden anerkannt. Wenn der Beeinflußte die Grundlagen der Legitimitätsmacht innerlich akzeptiert, ist weniger Überwachung als bei der Belohnungs- und Bestrafungsmacht notwendig.

Identifikationsmacht: Diese beruht auf der Vorbildswirkung. Dem Verhalten des Vorbildes wird nachgeeifert. Negative Bezugspersonen oder -gruppen können eine negative Macht bewirken.

Expertenmacht: Diese Art von Macht basiert auf besonderem Wissen und Können des Beeinflussenden auf Gebieten, die für den Beeinflußten von Bedeutung sind; der Sachverstand des Experten wird anerkannt. Unter die Expertenmacht fällt auch die Macht von Informationen.

French und *Raven* stellten zu diesen Macharten die nachstehenden Hypothesen auf:

- Für alle Machttypen gilt, daß die Macht um so größer ausfällt, je stärker die Machtgrundlage ist.
- Für alle Machttypen kann der Machtbereich variieren. Im allgemeinen genießt die Expertenmacht das größte Ansehen.
- Jeder Versuch, die Macht außerhalb des Machtbereichs anzuwenden, führt zu einer Verminderung der Macht.

— Belohnungs- und Bestrafungsmacht führen zu einer großen Abhängigkeit vom Beeinflussenden. Bei den anderen drei Machttypen ist die Unselbständigkeit nicht so ausgeprägt.
— Bestrafung führt zu einer verminderten Anziehung und zu einem größeren Widerstand des Beeinflußten gegenüber dem Beeinflussenden; die Belohnung hat erhöhte Anziehung und niedrigeren Widerstand zur Folge.
— Je legitimer die Bestrafung erfolgt, desto weniger Widerstand und verminderte Anziehung wird sie auslösen.

2.2.2 Autorität und legaler Machteinsatz

Tengelmann (1972) betont die Sozialbindung von Macht und Autorität. Die Grundlage der legalen Machtausübung im Arbeitsleben ist der zwischen dem Betriebsangehörigen und dem Betrieb geschlossene Arbeitsvertrag, der zwischen den Vertragspartnern wirkt. Der Betriebsangehörige wird dadurch zur Leistung von Arbeit verpflichtet — unter Beachtung zwingender Vorschriften (Gesetze), die sich mit dem Sittenverstoß, mit dem Grundsatz von Treu und Glauben, mit der Fürsorgepflicht und dem Arbeitsschutz befassen, den Vorschriften des normativen Teils der Tarifverträge und Betriebsvereinbarungen.

Macht ist nur Rechtens, wenn sie legal etabliert und legal ausgeübt wird *(Tengelmann)*; der gleiche Autor sieht die Autorität als Ausdrucksform der legalen Macht und fährt fort: „Verzichtet man auf die Manifestation der Macht in Form der Autoritätsbekundung nach außen, so ist mir nicht klar, wozu dann noch der verbleibende, rein theoretische Bestand der Macht nütze sein sollte. Wir verteidigen hier einen bestimmten Autoritätsbegriff, der derselben Sozialbindung unterliegt wie die zugrunde liegende Dispositionsmacht ... Zulässig ist danach nur die begrenzte Macht und damit die entsprechende Autorität. Die Sozialbindung von Macht und Autorität legt ein bestimmtes (legales) Maß an Begrenzung fest.“ Den Kritikern von Macht und Autorität, die die Abschaffung jeglicher Autorität fordern, hält *Tengelmann* entgegen, oft Hintergedanken zu haben, um zur gegebenen Zeit eigene „Autoritäten“ in Schlüsselpositionen zu lancieren. Hier handle es sich um einen gefährlichen dialektischen Prozeß des Umganges mit Macht und Ohnmacht.

Mit der Betonung der Sozialbindung der Macht und Autorität wendet sich *Tengelmann* gegen Manager der Macht, die immer noch aus einer Omnipotenz mit elitärer Arroganz handeln. Die Nichtbeachtung der Grenzen der legalen Macht ist Macht- bzw. Autoritätsmißbrauch.

2.2.3 Autorität und Verantwortung

Karger (1985) definiert Verantwortung als Verpflichtung einer Person, für die zielgerechte Erfüllung einer Aufgabe einzutreten und sich bei Nichterfüllung den dafür vorgesehenen Sanktionen zu unterwerfen. Für *Mayer* (1970) ist Verantwortung mehr als eine vertragliche Verpflichtung. Verantwortung ist ein personaler Sachverhalt. In ihr trägt man nach *Mayer* Sorge für konkrete Wesen oder ein Werk. Die Gegenstände dieser Sorge (z. B. Kind, Familie, betriebliche Aufgabe) stellt der Mensch in die Mitte des eigenen Lebensraumes. Verantwortung erschöpft sich nicht in aktuellem Tun, sondern ist ein ständiges Bereitstehen, Besorgen, Mit- und Vorausdenken. Sie läßt sich nicht auf eine Liste benennbarer Gegenstände, Leistungen oder Funktionen beschränken, sondern verbindet ein Stück Lebenswelt mit der Person. Sie macht den Verantwortlichen abhängig von diesem Lebensraum und auch diesen von ihm.

Verantwortung für Geschehenes

Verantwortung und die Folgen des Handelns: Eine grundlegende Bedingung der Verantwortung ist die kausale Macht. Verfügt der Mensch über (die gesetzlich definierte) Verantwortungsreife, dann gilt: „Der Täter muß sich für seine Taten *verantworten*: Er wird für deren Folgen verantwortlich gehalten und gegebenenfalls haftbar gemacht“ (*Jonas*, 1982). Die Konsequenz: Es muß für den angerichteten Schaden eingestanden werden — unabhängig davon, ob nun ein Gesetz, eine Verordnung, eine Weisung eines Vorgesetzten übertreten wurde. Dabei ist es im Grunde unerheblich, ob die Folgen des eigenen Handelns vorhersehbar oder beabsichtigt waren. Es genügt, daß man aktive Ursache war — aber nur dann, wenn ein enger unmittelbarer, ursächlicher Zusammenhang eindeutig festgestellt werden kann (*Jonas*). Um es an einem Beispiel zu verdeutlichen: Qualitätsmängel bei der Montage einer Kühlschranktür — etwa eine vergessene Schraube — sind nicht die Ursache für den Konkurs des Unternehmens; hier handelt es sich um einen Anlaß für den Einsatz des Führungsmittels Kritik durch den Vorgesetzten.

Verletzung betrieblicher Normen — Verantwortung und Schuld: Verantwortung ist nicht nur im Hinblick auf die Tatfolgen (z. B. Haftung, Wiedergutmachung), sondern auch auf die moralische Schuld zu sehen. Es geht dabei um die Respektierung und Wiederherstellung von Ordnungen, beispielsweise betrieblicher Normen oder der Beachtung der Autorität des weisungsbefugten Vorgesetzten. Hier steht nicht die „Kausalität" (Ursache—Folgen—Wiedergutmachung), sondern die „Qualität" der Handlung im Mittelpunkt. Die Übertretung der Norm beziehungsweise die Normverletzung wird sanktioniert, um das Ordnungssystem zu stützen.

Verantwortung für zu Erbringendes

Ein anderer Aspekt der Verantwortung ist der, der uns in die Pflicht nimmt. Die Sache, die auf unser Tun und Handeln Anspruch erhebt oder hat. Es ist dies das Verantwortlichsein „für" etwas. Das „wofür" ist dann etwas, was in unserem Macht- bzw. Einflußbereich liegt, das auf uns angewiesen ist oder von uns bedroht wird. Im Arbeitsleben ist die „Sache", die auf uns Anspruch hat, die übertragene Arbeitsaufgabe, die Zielformulierung, das übertragene Betriebsmittel, die anvertrauten Mitarbeiter. Diese Verantwortung orientiert die Überlegungen nicht nur an der Normbeachtung der moralischen Forderung, sondern verpflichtet zum Handeln auch dann, wenn keine anderen, zusätzlichen Beweggründe vorhanden sind. Im Zentrum dieser Verantwortung zum Handeln steht die Pflicht, die aus der Macht resultiert.

Vertragliche und natürliche Verantwortung

Die natürliche Verantwortung gilt als unwiderruflich und unkündbar, wie beispielsweise die elterliche Verantwortung. Ganz allgemein kann gesagt werden, daß die Wurzel aller natürlichen Verantwortung das Lebendige ist, das keiner Rechtfertigung bedarf. An erster Stelle steht die Verantwortung des Menschen für den Menschen.

Die vertragliche Verantwortung ist durch Ziel, Aufgabe oder Gegenstand umschrieben. Im Gegensatz zur natürlichen Verantwortung ist die vertragliche gekennzeichnet durch die Elemente der Wahl, des Rücktritts oder der von Verantwortungs-Entbindung. Bei der vertraglichen Verantwortung resultiert die verpflichtende Wirkung aus der getroffenen akzeptierten Vereinbarung und nicht — wie bei der natürlichen Verantwortung — aus der Sache. Die vertragliche Verantwortung ist partikulär und kann zeitlich begrenzt sein. So erstreckt sich beispielsweise die Verantwortung der Pannenhilfe auf die fachgerechte Behebung des Schadens und die Wiederherstellung der Funktionsfähigkeit in der kürzestmöglichen Zeit. Das Zusammenleben in der Gesellschaft beruht darauf, daß eingegangene Verpflichtungen Bestand haben.

Selbstgewählte Verantwortung

Über die bisher erörterten Fälle menschlicher Verantwortung geht die frei- oder selbstgewählte Verantwortung hinaus. Dabei ist es möglich, daß zunächst die Wahl kommt und sich dann der gewählten Verantwortung gemäß die nötige Macht oder Kompetenz verschafft wird. *Jonas* (1982) weist in diesem Zusammenhang darauf hin, daß die Macht auch ihre eigenen Anreize und Belohnungen hat, wie Ansehen, Lust des Befehlens, Weisungen erteilen können, Einflußnahme. Als paradigmatischer Fall bietet sich der Politiker an, der sich um Macht bewirbt, um sich Verantwortung aufbürden zu können; Gegenstand der Verantwortung ist die res publica, die öffentliche Sache. Der Politiker nimmt die Verantwortung für sich in Anspruch und steht dann allerdings unter ihrem Anspruch. Indem er sie sich aneignet, gehört er nicht mehr sich selbst allein. „Die höchste und anmaßlichste Freiheit des Selbst führt ins gebieterische und unnachsichtliche Muß“ (*Jonas*, 1982).

Ähnlich gelagert ist die Situation des Unternehmers oder des Managers; viele Vorgesetzte sind in einer vergleichbaren Situation.

Verantwortungsscheu — Verantwortungsbereitschaft

Man hat um so weniger zu verantworten, je weniger man tut — und so kann die Tatvermeidung zum Rat der „Klugheit“ werden.

Aber: Ohne Tun, ohne die Bewährung, gibt es auch kein persönliches Wachsen, kein Entfalten, kein Gefühl der Zufriedenheit und auch keine Verantwortungsfreude oder Verantwortungsbereitschaft. Die Freude an der Verantwortung wird gestärkt, wenn es um eine als „gut" erkannte Sache geht.

Jonas (1982) weist darauf hin, daß rechtes Tun am besten aufgehoben ist beim rechten Sein: Darum habe es die Ethik vornehmlich mit der „Tugend" zu tun, die das bestmögliche Sein des Menschen darstellt. Tugend ist die beste Garantie der Dauerhaftigkeit der Verantwortung, der Sorge um Menschen, Aufgaben, Ziele, Sachen — um Werte.

So ergibt sich die Forderung zur Entfaltung der Tugenden wie beispielsweise Besonnenheit, Stärke, Vernunft, Gerechtigkeit (*Schmidt,* 1986), Gewissenhaftigkeit, Gründlichkeit und Umsicht.

Ohne Werte, ohne den Aufbau, die Entwicklung, Förderung von Wertorientierungen in der Industrie kann man Verantwortungsscheu zwar bedauern, aber nicht verurteilen.

Gewissen und Verantwortung

Das Gewissen gehört zur innersten und deshalb nicht weiter begründbaren Erfahrung des Menschen. Daraus erwächst die Freiheit, aus eigenem Willen sein Tun zu entscheiden und seine Verantwortung für dieses Wollen zum Tun. Der Mensch „spürt" seine Verpflichtung, die Erkenntnisse seines sittlichen Bewußtseins als bindende Forderung anzuerkennen und sich an diese zu halten. Denn erst die Bindung daran kann der Verantwortung Halt geben.

Der Mensch erfährt im Gewissen,

- daß er verantwortlich ist für sich und sein Tun,
- daß er verantwortlich ist für die Ordnung seiner Welt, je nach Aufgabe und Stellung (z. B. als Vorgesetzter, Konstrukteur, Dreher),
- daß er zur Freiheit gerufen ist, die ihm erst Verantwortung für das Endliche, für seine Arbeitsaufgabe ermöglicht.

Gewissen und Verantwortung bedürfen ständiger Pflege

Gewissen und Verantwortung sind nicht angeboren. Sie können nur durch stetiges Arbeiten an sich selbst und durch aufmerksame Unterstützung durch andere (Eltern!) erlangt werden.

Durch Untätigkeit oder durch das Nachlassen der Bemühungen werden Gewissen und Verantwortlichkeit schwächer.

Die Anlagen zu gewissenhaftem, verantwortungsbewußtem Handeln sind nach *Kant* in allen Menschen angelegt (kategorische Imperative). Der oberste Grundsatz ist der kategorische Imperativ oder das Sittengesetz und lautet: „Handle so, daß die Maxime deines Willens jederzeit zugleich als Prinzip einer allgemeinen Gesetzgebung gelten könne.“ Dieses Gesetz ist genau wie die apriorische Erkenntnisfunktion rein formal und genauso wie jene allgemein und notwendig. Es ist, wie *Kant* zeigt, in allen Menschen wirksam. Mit dem Konzept der „kategorischen Imperative“ ist eine theoretische Grundlage für die Entwicklung relevanter Maxime (Leitsätze, Ziele) vorhanden. Es darf aber nicht bei der Aufstellung der Leitsätze und Ziele bleiben (*Schmidt*, 1986). Wichtig ist, daß vor allem und in erster Linie Verantwortungsträger sich zu diesen Maximen bekennen und dafür eintreten (Tugend des Starkmutes, der persönlichen Festigkeit).

Zusammenfassung

In den bisherigen Überlegungen zur Autorität war die Macht, insbesondere die legale Macht, ein wesentlicher Bestandteil des Autoritätsbegriffs.

Ungebundene Macht — Macht, die gesetzlich oder normativ nicht gebunden ist — ist Gewalt. Den Zusammenhang zwischen Macht und Verantwortung betont *Jonas* (1982), insbesondere in seiner Verantwortung für „Zu-Tuendes“. „Die Sache wird meine, weil die Macht meine ist und einen ursächlichen Bezug zu eben dieser Sache hat. Das Abhängige in seinem Eigenrecht wird zum Gebietenden, das Mächtige in seiner Ursächlichkeit zum Verpflichteten. Für das so ihr Anvertraute wird die Macht objektiv verantwortlich und durch die Parteinahme des Verantwortungsgefühls affektiv engagiert“ *(Jonas)*.

Daraus folgt: Der Vorgesetzte, der die Macht, die Kompetenz hat, trägt auch die Verantwortung.

Macht und Verantwortung sind korrespondierende Elemente der Autorität. Ein so interpretierter Autoritätsbegriff hat die entscheidende ethische Dimension — kann auf Führungsethik nicht verzichten.

Die Führungsethik hat sich zwar an der vorgegebenen Situation zu orientieren, kann sich jedoch nicht nur vom Faktischen leiten lassen, wenn sie die Zusammenarbeit in der Arbeitswelt mitgestalten will, sondern muß Impulse geben, Ziele setzen und Wege weisen. Vor allem kann sie — und auch die Autorität — nicht darauf verzichten, sich an ethischen Werten zu orientieren.

2.3 Persönliche Voraussetzungen der Autorität

Wenn mit Autorität im weitesten Sinne eine irgendwie geartete Überlegenheit gemeint ist, so stellt sich die Frage nach den in der Person liegenden Voraussetzungen für diese Überlegenheit. Bevor wir uns dieser Frage zuwenden, ist zunächst einmal grundsätzlich zu reflektieren, ob besondere Merkmale der Persönlichkeit überhaupt einen nachweisbaren Einfluß auf das Verhalten, beispielsweise das Führungsverhalten, haben.

Während sich die Praktiker hinsichtlich der großen Bedeutung des Einflusses der Persönlichkeit auf das Verhalten, auf die Leistung überwiegend einig sind — so wird bei der Einstellung neuer Mitarbeiter nach personenbezogenen Eignungsmerkmalen Ausschau gehalten; von der Beurteilung der Persönlichkeit ist eine Reihe von Personalentscheidungen abhängig (Beförderungen, Übertragung von Aufgaben u. ä.) —, sind die Theoretiker fast durchwegs skeptisch. Der Trend in der sozialwissenschaftlichen Literatur ging in den letzten Jahrzehnten dahin, den Führungserfolg „situationsabhängig" zu sehen; die Frage, ob es „Führungseigenschaften" von Vorgesetzten gibt, wurde überwiegend verneint. Dabei bezog man sich — häufig unkritisch — auf die Veröffentlichungen von *Stogdill* (1948, 1950, 1955) und *Mann* (1959). Für die vielen skeptischen Äußerungen von Theoretikern sei stellvertretend *Irle* (1970) zitiert: „Die Konzeption der individuellen Führungseigenschaften wurde abgelöst von der Konzeption der Führungssituation."

Rosner (1983) ist einer der wenigen „Gegenstimmen": „Praktiker der Führung in Institutionen und Gruppen sind überzeugt, daß die Chance, Autorität zu erwerben, auf Persönlichkeitsmerkmalen wie Wissen und Ausbildung, geistigem Niveau, innerer Reife, Verantwortungsbereitschaft und unternehmerischem Verhalten zurückzuführen sei. Auch Risikobereitschaft, Intuition, Begeisterungsfähigkeit und Durchsetzungskraft erscheinen ihnen als wesentliche Voraussetzungen des Führungserfolges."

Zur Frage des Einflusses der Persönlichkeit des Vorgesetzten auf das Führungsverhalten wurde zwar viel publiziert — überwiegend finden sich spekulativ-kritische Äußerungen —, doch finden sich selten empirische Untersuchungen, die „vor Ort", d. h. in den Betrieben selbst durchgeführt worden sind. Das hat viele Gründe, die schon an anderer Stelle diskutiert worden sind (*Schmidt*, 1979).

In eigenen Untersuchungen (*Schmidt*, 1979, 1984) konnten wir an einer Stichprobe von 100 betrieblichen Vorgesetzten statistisch signifikante Zusammenhänge zwischen Merkmalen, Einstellungen der Persönlichkeit und dem Karriereerfolg und dem Führungsverhalten dieser Vorgesetzten nachweisen.

2.3.1 Fachautorität

Fachautorität ist die Überlegenheit, das Ansehen, das auf Fähigkeiten und Kenntnissen beruht, die für die Erfüllung bestimmter (Arbeits-)Aufgaben erforderlich sind. Unsere Zeit ist gekennzeichnet durch den schnellen technologischen Wandel und Fortschritt mit kurzen Innovationszyklen für Produkte. Daraus ergibt sich die Notwendigkeit flexibler Reaktion auf Veränderungen, etwa auf den Märkten. Derzeit revolutioniert die Mikroelektronik als Schlüsseltechnologie die gesamte Arbeitswelt. Daraus resultieren spezifische Anforderungen an die Fachautorität.

Global gefordert sind vor allem Lernfähigkeit und Intelligenz, um sich kurzfristig umstellen zu können. Das Denkvermögen, die Intelligenz als Fähigkeit, Schwierigkeiten in neuen, ungewohnten Situationen zu überwinden, sind vorrangig gefragt. Aber auch das für bestimmte Zielsetzungen und Aufgaben notwendige, durch Ausbildung erworbene und gespeicherte, abrufbereite Fachwissen stützt die Fachautorität.

Fachautorität für ein bestimmtes Aufgabengebiet zeichnet sich dadurch aus, daß sie sich in bestimmten Anforderungssituationen als überlegen erweist: einmal im Hinblick auf eine erfolgreiche Situationsbewältigung, zum anderen aber auch im Vergleich zur Leistungsdisposition anderer.

Fachautorität im engeren Sinne gründet sich auf Fachwissen und überlegenes Können. Sie ist die Basis für die Autorität aller Spezialisten. Der Autoritätsanspruch des Fachmanns ist begrenzt. Er erstreckt sich allein auf das Gebiet seines spezifischen Fachwissens. Das Überlegenheitsverhältnis ist dadurch bestimmt, daß der Autoritätsanspruch des Fachmannes meistens leicht überprüft werden kann.

Der Legitimitätsnachweis ist bei der Fachautorität der geachtete, anerkannte Sachverstand. Die Fachautorität kann sich einer sachlichen Argumentation nicht verschließen, d. h. diese Autorität muß ihre Überlegenheit immer wieder neu beweisen.

Der Führungsstil des Fachmanns kann im allgemeinen nicht autoritär sein, sondern wird zu einer Sachangemessenheit gezwungen und läßt so dem Mitarbeiter einen größeren Freiraum.

Der Vorgesetzte muß bereit und in der Lage sein, eine überlegene Fachautorität eines spezialisierten Mitarbeiters anzuerkennen, gelten zu lassen und sich ihrer zu bedienen. Der Vorgesetzte sollte nicht den Anspruch erheben, immer fachlich besser sein zu müssen als die ihm unterstellten Mitarbeiter. Es ist nicht selten so, daß spezialisierte Mitarbeiter die Einzelheiten ihres Fachgebietes besser beherrschen als die allgemeiner orientierten Vorgesetzten.

Die Fachautorität ist — im Vergleich zu anderen Autoritätsarten, wie der positionell hierarchischen — eher instabil; wenn ein Mitarbeiter seinen Vorgesetzten in Fachfragen überflügelt, so hat dieser seine vorrangige Fachkompetenz verloren. Der Vorgesetzte tut gut daran, seine Autorität zusätzlich aus anderen Quellen stützen zu lassen.

2.3.2 Persönliche Autorität

Die persönliche Autorität, die nicht durch Hierarchie, Position, Amt, Kompetenzen und Sanktionsmöglichkeiten gestützt wird, ist abhängig von den Einstellungen, von den Wertorientierungen und -haltungen der Persönlichkeit. Diese Quelle für Autorität ist auch klar abzugrenzen von der informellen Autorität, die quasi die Gegenposition zur hierarchischen, formellen Autorität darstellt. Die informelle Autorität beruht letztlich darauf, daß Verhaltensweisen den in der Gruppe als verbindlich betrachteten Verhaltensnormen bzw. -weisen angepaßt werden. Dieser Autoritätsanspruch ist relativ labil und geht bei den Erwartungen der Gruppenmitglieder widersprechendem Verhalten verloren. Diese Labilität kann dazu führen, daß informelle Führer versuchen, sich mit Gewalt durchzusetzen.

Die persönliche Autorität, die auf mehr konstanten, die Persönlichkeit tragenden Grundhaltungen basiert, ist relativ stabil, vor allem aufgrund ihrer ethischen Grundlage. Die persönliche Autorität ist eingebettet in ein wertorientiertes, ethisches Menschenbild. Dieses Menschenbild läßt sich leiten von dem im Grundgesetz der Bundesrepublik Deutschland geschützten obersten Wert, der Beachtung der Menschenwürde. Dieses Menschenbild steht in der abendländischen Tradition; hiernach ist der Mensch ein geistiges Einzelwesen mit einem selbständigen Gewissen und mit der Fähigkeit zu eigenverantwortlichem Handeln.

Zur Würde des Menschen im Arbeitsleben gehört:

- Der Mensch ist zu eigenverantwortlicher Lebensgestaltung begabt, er ist zur Übernahme von Verantwortung disponiert.
- Der Mensch ist in der Lage, selbständige Entscheidungen zu treffen im Rahmen seines Aufgabengebiets, nachdem er eingearbeitet worden ist.
- Der Mensch soll sich am Arbeitsplatz entsprechend seinen individuellen Fähigkeiten entfalten können; dazu soll ihm die Möglichkeit gegeben werden.
- Die Achtung der Würde des Menschen zeigt sich in der Achtung des Selbstbildes des anderen.
- Der Mensch soll zum Subjekt und nicht zum Objekt der Arbeit werden. Der Grad der „Fremdbestimmung“ kann durch kreative Arbeitsgestaltung reduziert werden.

Praktische Konsequenzen sind u. a.:

- — Verminderung des aggressiven Klimas im Betrieb
- — Entschlossene Absage an Gewalt
- — Widerstand gegen Gewalt ist keine Provokation
- — Den Anfängen von Gewalt wehren („Principiis obsta")
- — Schlagabtausch führt zu nichts; nicht Aggression gegen Aggression setzen, sondern Festigkeit gegen Aggression
- — Förderung der Kreativität der Mitarbeiter
- — Verringerung der Fremdbestimmung durch Maßnahmen der Arbeitsstrukturierung.

Im Zentrum der persönlichen Autorität steht ein Verhalten, das in erster Linie durch die von der griechischen Philosophie vor mehr als 2 000 Jahren herausgearbeiteten Tugenden.

Brugger (1971) setzt Tugend gleich Tüchtigkeit: als Fertigkeit, Leichtigkeit und Geneigtheit zum Vollbringen bestimmter, dem Menschen angemessener Handlungen. Tugend ist nicht angeboren, nur die Anlagen dazu sind es. Die Tugend selbst kann nur durch andauernde Übung erlangt werden. Tugend ist eine dauernde Beschaffenheit. Durch Untätigkeit und widersprechendes Verhalten wird sie gemindert oder geht ganz verloren. Im moralischen Sinne bedeutet Tugend (*Buber*, 1975) die individuelle Tauglichkeit oder Tüchtigkeit (Beharrlichkeit und Willensstärke eingeschlossen) im Hinblick auf individuelles Verhalten, das bestimmten moralischen Normen und Forderungen entspricht.

Gerechtigkeit

Autorität haben heißt, von den Mitarbeitern anerkannt sein. Achtung und Anerkennung sind abhängig vom Vertrauen, das die Menschen zu dem haben, der führt, der ihnen vorgesetzt ist.

Die wichtigste Grundeinstellung bzw. Voraussetzung für das betriebliche Zusammenwirken ist die Gerechtigkeit. Die Gerechtigkeit steht im engen Zusammenhang mit der Grundeinstellung der Objektivität, der Anerkennung der Wirklichkeit. Der gerechte Vorgesetzte ist klug.

Die Klugheit läßt sich von der Wirklichkeitserkenntnis bestimmen, was zu tun ist und was nicht und wie es getan werden muß. Das erste, was von einem Handelnden gefordert werden muß, ist, daß er wissend sei, sagt *Thomas von Aquin*. Wer nicht weiß, wie die Dinge wirklich sind, der kann auch nicht das Gute tun.

Klugheit ist die Fähigkeit, die Wirklichkeit sachlich zu sehen. Die Grundhaltung der Seinsgerechtigkeit, der Sachlichkeit, der Objektivität, die in der klassischen Lehre von der Klugheit zum Ausdruck kommt, wurde im Mittelalter in dem Satz ausgedrückt: „Weise ist der Mensch, wenn ihm alle Dinge so schmecken, wie sie wirklich sind."

Pieper (1964) weist in diesem Zusammenhang auf eine Erkenntnis der modernen Psychologie hin: Ein Mensch, dem die Dinge nicht so schmecken, wie sie wirklich sind, sondern in allen Dingen nur sich selbst schmeckt, weil er nur auf sich selbst blickt — dieser Mensch hat nicht nur die Chance zur Gerechtigkeit eingebüßt, sondern auch die seelische Gesundheit verloren. Eine ganze Kategorie seelischer Erkrankungen besteht wesentlich in dieser ichhaften „Unsachlichkeit".

Kiefer (1982) definiert Gerechtigkeit als die Anerkennung des Rechtes des Nächsten und der Gemeinschaft aus dem Wissen um die eigenen Aufgaben, Pflichten und Verantwortungen.

Müller und *Halder* (1958) bezeichnen Gerechtigkeit als einen Grundwert. Eine Ordnung ist gerecht, wenn sie jedem das ihm Zukommende gibt und das Seine beläßt. Im subjektiven Sinne ist Gerechtigkeit die Tugend, die auf dieses Ziel hin gerichtet ist. Sie ist die Grundtugend, auf der menschliches Zusammenleben beruht.

Pieper (1964) macht auf einen naheliegenden Irrtum im Bezug auf die Gerechtigkeit aufmerksam: Man könne gerecht sein, ohne tapfer sein zu müssen. Es sei dies nicht so sehr ein Irrtum über das Wesen der Gerechtigkeit — so *Pieper* — als ein Irrtum über die Seinsverfassung dieser Welt, in welcher die Gerechtigkeit verwirklicht werden muß. Diese Welt — so *Pieper* — ist nämlich nicht so gebaut, daß die Gerechtigkeit, wie das Gute überhaupt, sich von selbst, ohne den Einsatz der Person durchsetzt.

Das Verhalten des Vorgesetzten wird dann als gerecht beurteilt, wenn er sich bemüht, jedem das ihm Zukommende zu geben und das Seine zu belassen. Wenn er sich für die sachlichen Ziele des Unternehmens, der Abteilung ebenso einsetzt wie für die sachlichen und persönlichen Belange seiner unterstellten Mitarbeiter — unter Beachtung der Realität, der betrieblichen Wirklichkeit. Wenn er sich frei hält von Selbstsucht, Parteilichkeit und Bestechlichkeit.

Die Bedeutung der Gerechtigkeit des Vorgesetzten für die Mitarbeiter konnten wir durch die Befragung von 500 Maschinenarbeitern in einem metallverarbeitenden Großbetrieb feststellen (*Schmidt*, 1986). Eindeutig mehrheitlich wurde die Gerechtigkeit und Unparteilichkeit auf den ersten Rangplatz der Eigenschaften und Verhaltensweisen gesetzt, die ein Meister haben soll.

Die Vorgesetzten sehen dies nicht immer als so bedeutsam an. In einer anderen Befragung von 100 betrieblichen Vorgesetzten (*Schmidt*, 1979) setzten diese die Gerechtigkeit erst auf den 4. Rangplatz.

Gerechtigkeit ist ein Anliegen vor allem von unterstellten Mitarbeitern. Der Vorgesetzte sollte aber darüber nachdenken, wenn ihm an einer persönlichen Autorität liegt, daß Anerkennung und persönliche Autorität stark von einer Grundeinstellung abhängen, die sich an der Tugend der Gerechtigkeit orientiert.

Gerechtigkeit ist nicht zu verwechseln mit Weichheit oder Führungsschwäche bei der Verfolgung betrieblicher Ziele. Die Gerechtigkeit gibt dem Vorgesetzten vielmehr das Recht, auch dem Betrieb zu geben, worauf dieser einen Anspruch hat, d. h. auf eine angemessene Leistung seiner Mitarbeiter. Diesen Anspruch akzeptieren Mitarbeiter dann leichter, wenn sich der Vorgesetzte andererseits auch für die berechtigten Belange der Mitarbeiter einsetzt, er also „gerecht“ ist.

Merkmale des gerechten Vorgesetzten

— Er läßt sich von Realitäten, der Wirklichkeit, von Sachlichkeit leiten; Unsachlichkeit kann zur Ungerechtigkeit werden.
— Er achtet die Würde jedes Mitarbeiters.
— Der Vorgesetzte ist sowohl dem Mitarbeiter als auch seiner sachlichen Arbeitsaufgabe und der Unternehmung gegenüber gerecht.

— Die Gerechtigkeit läßt sich als an der Wirklichkeit orientierte, feste, besonnene Einstellung definieren. Gerechtigkeit ist klar zu trennen von Rigorismus, Härte, Selbstgerechtigkeit.
— Der sich um Gerechtigkeit bemühende Vorgesetzte prüft sich insbesondere, ob seine Entscheidungen und sein Handeln frei sind von Selbstsucht, Opportunismus, Parteilichkeit, Mangel an Aufgaben- und Verbindlichkeitsbewußtsein.
— Er läßt sich von dem Bemühen leiten, die Arbeitsaufgaben (-aufträge) so auf seine Mitarbeiter zu verteilen, daß keiner über- oder unterfordert wird. Er wird sich bei der Aufgabenverteilung bemühen, dem Mitarbeiter die Chance der persönlichen und fachlichen Weiterentwicklung zu geben.
— Die Mitarbeiterbeurteilung ist ein weiteres Feld für die Bewährung des Gerecht-sein-Wollens des Vorgesetzten, wenn er sich bemüht, sachlich und objektiv zu sein. Gerade bei der Mitarbeiterbeurteilung können sich Subjektivität und somit Unsachlichkeit einschleichen, wenn der Vorgesetzte die Tugend der Gerechtigkeit bei sich nicht entwickelt hat.
— Der sich um Gerechtigkeit bemühende Vorgesetzte wird vor allem sich um „Lohngerechtigkeit“ bemühen und deshalb auch allen indirekten Einflußgrößen auf die Lohnhöhe wie Arbeitsbewertung, Arbeitsanalyse, Mitarbeiterförderung, -entwicklung besondere Aufmerksamkeit schenken.
— Gerechtigkeit ist nicht zuletzt bei allen personellen Einzelmaßnahmen wie Versetzung, Entlassung, Beförderung geboten.

Persönliches Stehvermögen, Führungsstärke

Die persönliche Autorität ist ebenfalls von der Verläßlichkeit, der Berechenbarkeit der Reaktionen des Vorgesetzten abhängig.

Ein Mensch mit Stehvermögen setzt sich für seine ihm übertragenen Arbeitsaufgaben bzw. für die mit ihm vereinbarten Ziele ein, auch dann, wenn er sich dazu überwinden muß, wenn es ihm schwer fällt. Er steht auch für seine Mitarbeiter, seine Wertorientierung, seine Normen ein, auch unter Inkaufnahme möglicher persönlicher Nachteile.

Diese Grundeinstellung wurde von der abendländischen Philosophie als Tapferkeit dann bezeichnet, wenn sich deren Träger für die gute, die gerechte Sache einsetzt. Diese Tugend läßt sich von der Erkenntnis leiten, daß die Welt so beschaffen ist, daß sich das Richtige, Sachliche, Gute nicht von allein durchsetzt.

Zur Verwirklichung der Gerechtigkeit in der Realität, im Betriebsleben, ist das persönliche Engagement erforderlich.

Pieper (1964) bemerkt zur Tapferkeit, daß es sie nur da gibt, wo die Gerechtigkeit gewollt ist. Wer nicht gerecht ist, kann nicht im echten Sinne tapfer sein.

Persönliches Stehvermögen zeigt sich nicht in wortreichen Beteuerungen, sondern in der Tat, in der Auseinandersetzung mit den Realitäten und mit den Widerständen.

Das persönliche Stehvermögen des Vorgesetzten zeigt sich, wenn der Vorgesetzte

— für die Gerechtigkeit eintritt unter Inkaufnahme von möglichen persönlichen Nachteilen,
— über eine starke äußere Willenshaltung verfügt, wenn er es wagt, sich persönlich bei risikobehafteten Auseinandersetzungen einzusetzen, um die von ihm als richtig und wertvoll erkannten Ziele zu erreichen,
— sich selber der guten, gerechten Sache wegen überwinden kann, z. B. um die Kontrolle über sich selbst zu gewinnen,
— sich für seine sachlichen Ziele, für die ihm übertragenen Aufgaben einsetzt,
— sich für gerechte Interessen seiner Mitarbeiter engagiert,
— auf die Einhaltung gerechter betrieblicher Normen drängt und, allgemein zusammengefaßt,
— sein Verhalten an ethischen Werten und nicht an Bequemlichkeit, Opportunität, Anpassungswilligkeit orientiert.

Leitsatz: Wer führen will, muß Position beziehen! Er muß sein Handeln vor sich und anderen begründen können.

Führungsschwäche ergibt sich nicht selten aus einer bewußten oder unbewußten Angst vor Menschen und Konflikten. Es zeigt sich dann die Tendenz zur „Sowohl-als-auch-Haltung“. Oft zeigt sich Führungsschwäche im Ausweichen vor Situationen, „nein sagen“ zu müssen.

Die psychologischen Ursachen für das, was hier als Führungsschwäche skizziert wird, liegen häufig in den Auswirkungen einer verwöhnenden, verzärtelnden Erziehung in Verbindung mit materiellem Wohlstand und „Geld statt Liebe".

Das persönliche Stehvermögen, das was wir als Führungsstärke beschrieben haben, trägt wesentlich zur persönlichen Autorität bei, wenn es sich an der Objektivität und Gerechtigkeit orientiert.

Besonnenheit, Mäßigung

Einen wesentlichen Aspekt der besonnenen Grundeinstellung hat der griechische Philosoph *Aristoteles* in der Nikomanischen Ethik, im Tugendbegriff beschrieben. Unter Tugend verstand *Aristoteles* die durch Übung erworbene Fähigkeit, besonnen, vernunftgemäß zu handeln, d. h. die richtige Mitte zwischen Gegensätzen einzuhalten. Die Tugend ist nach *Aristoteles* nicht durch das Wissen bestimmt, sondern entspringt dem Wollen, das von der Vernunft geleitet wird.

Ein besonnenes, vernunftgemäßes Leben zu führen ist auch das oberste Moralprinzip der Stoiker. Diese erheben das Sich-in-der-Hand-haben, das Herr-sein-über-sich-selbst zum Ziel der Tugend der Mäßigung, der Besonnenheit.

Kiefer (1982) sieht die Tugend der Mäßigung als die Bereitschaft und Fähigkeit, auf ein schädliches Mehr zu verzichten.

Die Tugend der Besonnenheit sollte den Techniker anregen, darüber nachzudenken, welche Auswirkungen seine Produkte auf die Gesellschaft, auf die Menschen haben. Nicht alles um jeden Preis haben oder machen zu wollen!

Die Tugend der Besonnenheit, des Maßes ist die durch Übung zu erwerbende Fähigkeit, immer sogleich vernunftgemäß zu handeln, also immer die richtige Mitte zwischen den Gegensätzen einzuhalten. So ist nach *Aristoteles* die Freigebigkeit die Mitte zwischen Verschwendung und Geiz.

Oder — um auf besonders aktuelle, zeitnahe Fragestellungen zu kommen — die Mitte zwischen

— Selbstverwirklichung und sozialer Partnerschaft,
— ökonomischem und ökologischem Denken,
— wirtschaftlichem und persönlichem Handeln.

Merkmale des besonnenen, maßvollen Vorgesetzten

— Er bemüht sich, die richtige Mitte zwischen Extremen einzuhalten, etwa zwischen Starrsinn und Labilität, Starrköpfigkeit und Suggestibilität.
— Er bemüht sich um Mäßigung der von Natur aus zur Unmäßigkeit tendierenden menschlichen Triebe bzw. Triebfedern; er hütet sich vor Geltungssucht, Selbstsucht, Machtsucht u. ä.
— Er ist sich bewußt, daß Maßlosigkeit und Unbeherrschtheit seine Autorität untergraben und schwächen.

Die Tugend der Mäßigung bewahrt vor vorschnellen, unbesonnenen und unüberlegten Entscheidungen. Sie vermeidet insbesondere Entscheidungen aus dem Gefühl und aus Stimmungen heraus und bewahrt somit vor extremen, einseitigen, unrealistischen Entscheidungen. Die Besonnenheit orientiert sich an den Realitäten.

Die Tugend der Besonnenheit ist sowohl gegen den Abbau jeder sozialen Distanz als auch gegen die besondere Betonung des Vorgesetztenprestiges.

Weder der weitgehende Verzicht auf Kontrolle durch den Vorgesetzten noch die totale Kontrolle durch ihn ist erstrebenswert. Der Vorgesetzte soll sich auch weder voll mit den Interessen der Mitarbeiter identifizieren noch zur Marionette der Geschäftsleitung werden.

Der Vorgesetzte darf bei Lob oder Tadel nicht den realistischen Bezug zum Anlaß aus den Augen verlieren.

Vor Entscheidungen prüft der Vorgesetzte, ob eine sich abzeichnende Lösung den Tugenden der Gerechtigkeit, der Stärke oder der Klugheit entspricht.

Vertrauenswürdigkeit

Nicht selten wird der Begriff Autorität verwendet, um einen Einfluß zu bezeichnen, der sich lediglich auf Macht stützt, die durch

Androhung von Gewalt Unterordnung oder Gehorsam erzwingt. Hier sollte man eigentlich genauer von Diktatur sprechen. Autorität besitzt eine Person, wenn sich andere Ansichten oder Wünsche dieser Person zu eigen machen, und zwar nicht notwendig aus klarer Einsicht in die Richtigkeit der Anordnung, sondern aus dem Gefühl des Vertrauens.

Die hierarchische Autorität besitzt der Vorgesetzte aufgrund seines Status, seiner Stellung, seiner Position. Die tatsächliche Anerkennung der Autorität durch die Mitarbeiter wird durch deren Vertrauen zum Vorgesetzten getragen.

Kennzeichnend für Vertrauen ist die Abwesenheit von Furcht, Angst oder Bedrohung.

Wenn der Mitarbeiter Vertrauen zu seinen Vorgesetzten hat, bedeutet dies, daß er sich ihm anvertraut, sich ihm öffnet. Vertrauen beruhigt, entspannt. Der Mitarbeiter erwartet von einem Vorgesetzten, der sein Vertrauen hat, daß er von diesem nichts Abträgliches, Böses, Nachteiliges erfährt, soweit es dieser Vorgesetzte zu verantworten hat. Dadurch, d. h. durch das Vertrauen in den Vorgesetzten, wachsen dem Mitarbeiter Sicherheit und Zuversicht zu.

Je stärker die Autorität des Vorgesetzten auf Vertrauen basiert, desto weniger ist dieser genötigt, Macht einzusetzen, um seinen Weisungen Verbindlichkeit zu verleihen.

Eine Autorität, die sich vorrangig auf das Vertrauen der Mitarbeiter stützen kann, ist Autorität im eigentlichen Sinne und entspricht weitgehend der „auctoritas".

Auswirkungen des Vertrauens, der Vertrauenswürdigkeit des Vorgesetzten auf das Betriebsleben:

Durch das Vertrauen, die Vertrauenswürdigkeit des Vorgesetzten wird

— dem Mitarbeiter Mißtrauen, Argwohn, Unsicherheit genommen,
— kann sich der Mitarbeiter voll auf die Arbeit konzentrieren,
— muß der Mitarbeiter nicht mißtrauisch „auf dem Qui vive" sein,
— wird die Bereitschaft zu Fluktuation, zu Fehlzeiten reduziert, muß der Mitarbeiter nicht aus einer angespannten, von ihm als ihm feindselig empfundenen Situation „flüchten",

— wird das Betriebsklima positiv beeinflußt, werden zwischenmenschliche Spannungen abgebaut,
— wird die Bereitschaft zum offenen Meinungs- und Informationsaustausch gestärkt.

2.4 Organisatorische Voraussetzungen der Autorität

Ausgehend von der in der Literatur beschriebenen „potestas", der „Amtsautorität", der „berechtigten Autorität", soll nun nach den betrieblichen Äquivalenten dieser Grundlagen für die Autorität des Vorgesetzten Ausschau gehalten werden.

2.4.1 Legal-positionale Voraussetzungen der Autorität

Die von der betrieblichen Position abgeleitete Autorität tritt mit dem berechtigten Anspruch auf, daß ihren Anordnungen Folge geleistet wird. Der Vorgesetzte erwirbt diese Autorität dadurch, daß er eine bestimmte Position einnimmt.

Klammert man zunächst die oberste Spitze des Managements aus — sie soll später erörtert werden —, so ist charakteristisch für die positionale Autorität, daß sie von einer übergeordneten Stelle, von einem höheren Vorgesetzten übertragen worden ist. Ein wichtiges Element der positionalen Autorität ist, daß sie die Möglichkeit zum Einsatz von Druck, Zwang, Belohnung, Bestrafung, Begünstigung — von positiven und negativen Sanktionen hat, um die Befolgung ihrer Anweisungen und Anordnungen durchzusetzen.

Die positionale Autorität schwindet beim Entzug der Position und des betrieblichen Status durch die übergeordnete betriebliche Instanz.

Wenn auch dem Vorgesetzten eine positionale Autorität übertragen wurde, so ist damit allein — und das soll in aller Deutlichkeit gesagt sein — die tatsächliche Anerkennung der Autorität nicht zwangsläufig mitgegeben. Die tatsächliche Autorität beruht ja nicht zuletzt auf dem Vertrauen seiner Mitarbeiter.

Die positionale Autorität ist in hierarchisch gegliederten Institutionen, d. h. in so ziemlich allen Industriebetrieben gegeben. Sie beruht auf dem Vertrauen der höheren Führungsstellen zur beauftragten Person. Es ist die Vollmacht von oben, die formelle oder formale Macht mit ihren Entscheidungs-, Weisungs- und Zwangsmöglichkeiten.

Im Betriebsleben ist eine große Spannweite beim Einsatz der Möglichkeiten positionaler Autorität zu beobachten. Manche Vorgesetzte sind zu vorsichtig oder ängstlich, neigen zum Abwarten, setzen ihre Positionsmacht nur zögernd bzw. kaum ein und haben deshalb große Führungsprobleme. Andere machen von der Autorität kraft Position und unbeeindruckt von möglichen Reaktionen und Gefühlen ihrer Mitarbeiter Gebrauch, stoßen dann nicht selten auf Widerstand und Ablehnung und scheitern dann daran.

Der Einsatz der Positionsmacht, vor allem der willkürliche Einsatz, wie er etwa im autoritären Verhalten zum Ausdruck kommt, wird eingeschränkt durch deren Sozialbindung, durch die Forderung nach Legalität, durch die normativen Grundlagen der Autoritätsausübung aufgrund von Position und Stellung.

Die etablierte Macht in den verschiedenen Bereichen hat legal in der Grundlage und Ausübung zu sein. Legalität ist die Übereinstimmung des Handelns aus der Machtposition mit der gegebenen Rechtsordnung. Die Normen des Rechts als Gebote und Verbote verlangen zumindest ein äußeres Verhalten in Form und Handlungen und Unterlassungen (*Tengelmann*, 1972). Wenn diese den Rechtsnormen entsprechend sind, sind sie Rechtens, d. h. dem Recht ist entsprochen worden.

Bei einer Aktiengesellschaft erhält der Vorstand aufgrund seiner Bestellung durch den Aufsichtsrat die Ermächtigung, nach außen hin die Gesellschaft zu vertreten. Von dem Bestellungsakt ist die Anstellung des Vorstandes aufgrund eines Anstellungsvertrages zu unterscheiden. Dieser begründet Rechte und Pflichten des Vorstandes im Verhältnis zur Gesellschaft.

Auf der Grundlage dieses Vertrages und des Bestellungsaktes obliegt dem Vorstand auch die gesamte interne Geschäftsführung. Damit hat der Vorstand die legal etablierte Macht in seiner Disposition über die Produktionsmittel und über die im Unternehmen tätigen Menschen.

Inhalt und Umfang der sachbezogenen Machtausübung werden durch den Begriff der Sozialbindung bestimmt.

Die Ausübung der Macht von der Spitze bis zur Ebene der ausführend Tätigen in der zweiten Machtsäule hat als Grundlage den zwischen der Unternehmensleitung und den Betriebsangehörigen geschlossenen Arbeitsvertrag. Durch diesen Arbeitsvertrag wird der Betriebsangehörige — weisungsgebunden und in persönlicher Abhängigkeit — zur Leistung von Arbeit verpflichtet.

Der Arbeitsvertrag wird eingeschränkt z. B. durch zwingende Gesetzesvorschriften, die sich mit dem Sittenverstoß, mit dem Grundsatz von Treu und Glauben, mit der Fürsorgepflicht, dem Arbeitsschutz, den Tarifverträgen und den Betriebsvereinbarungen befassen. Wie sieht nun — im Hinblick auf das Problem des Machtmißbrauchs — die Sozialbindung der Macht bzw. der positionalen Autorität aus?

Machtmißbrauch greift häufig in die vertraglichen Rechte des Arbeitnehmers ein, etwa wenn in seine vertraglich festgelegten Funktionen unzulässig eingegriffen oder das Weisungsrecht überschritten worden ist. Grundlage ist hier der Arbeitsvertrag, der die Rechtsstellung, die Funktionen und den Tätigkeitsbereich beschreibt bzw. umfaßt. So kann der Mitarbeiter, der sich durch einen Autoritätsmißbrauch seines Vorgesetzten betroffen fühlt (und dem Betriebsverfassungsgesetz untersteht), mit einer Beschwerde über das Verhalten des Vorgesetzten beim Betriebsrat vorstellig werden.

Tengelmann (1972) beschreibt legale Abwehrmöglichkeiten gegenüber autoritärem Verhalten: Grundlage unserer Gesamtrechtsordnung, und damit auch des Arbeitsrechts, ist die Würde des Menschen. Der einzelne Betriebsangehörige hat Abwehrrechte bezüglich aller die Menschenwürde beeinträchtigenden Handlungen. Alle Machtäußerungen, die nicht dem Prinzip der Menschenwürde entsprechen, sind illegal, z. B. eine Anordnung, die private Intimsphäre eines Arbeitskollegen zu erforschen, in der erkennbaren Absicht, belastendes Material zu finden, um dem betreffenden Angestellten schaden zu können. Es findet auch das Recht der freien Entfaltung der Persönlichkeit des Vorgesetzten dort ihre Grenze, wo die tatbestandsmäßige Beeinträchtigung der Menschenwürde des Betriebsangehörigen einsetzt. Auch der Mitarbeiter hat das Recht auf freie Persönlichkeits- und Berufsentfaltung. Er hat ein Recht darauf, in einer als mündig behandelten Gesellschaft nach Können und Vermögen selbständig in einem für ihn abgegrenzten Verantwortungsbereich zu arbeiten. In diesem Rahmen hat er die Befugnis zur selbständigen Entscheidung. Nur das Kontroll- und Weisungsrecht der übergeordneten Stelle hat er aus Gründen der Sozialadäquanz zu dulden. Das allgemeine Persönlichkeitsrecht erfaßt auch das Recht der persönlichen Ehre. Die Ehrverletzung mißachtet die Würde des Menschen und verletzt so seine Persönlichkeit. Sie liegt in dem Angriff auf die Ehre (z. B. systematische Schikane des Vorgesetzten) durch Kundgabe der Nichtachtung oder Mißachtung. Das begründet Abwehr- und Schadensersatzansprüche, unter Umständen verbunden mit dem Recht, Widerruf fordern zu können. Zulässig sind dagegen als Führungs- und Leitungsmittel tadelnde Werturteile über berufliche Leistungen der nachgeordneten Betriebsangehörigen, sofern sich nicht aus der Form der Äußerung ein strafrechtlicher Tatbestand ergibt.

Darüber hinaus gibt es gerade im Arbeitsrecht eine Reihe von Schutzvorschriften. Sie entsprechen einem Grundsatz der „Allgemeinen Erklärung der Menschenrechte" der Vereinten Nationen: „Jeder Mensch hat als Glied der Gesellschaft Recht auf soziale Sicherheit, er hat Anspruch darauf, durch innerstaatliche Maßnahmen und internationale Zusammenarbeit unter Berücksichtigung der Organisation und der Hilfsmittel jedes Staates, in den Genuß der für seine Würde und die freie Entwicklung seiner Persönlichkeit unentbehrlichen wirtschaftlichen, sozialen und kulturellen Rechte zu gelangen."

2.4.2 Funktional-aufgabenbezogene Voraussetzungen der Autorität

In Abhebung von der positional-legalen Autorität beruft sich die funktional-aufgabenbezogene nicht auf die Position oder Stellung, sondern auf die übertragenen betrieblichen Funktionen bzw. Aufgaben.

Mit der Abgrenzung der übernommenen Aufgabe bzw. den vorgegebenen oder vereinbarten Zielen ist zugleich der Geltungsbereich dieser Autorität bestimmt. Die Funktions- und Aufgabenabgrenzung beschränkt sowohl den Inhalt der zu treffenden Verfügungen als auch den Personenkreis, der von ihr betroffen wird.

Die funktional-aufgabenbezogene Autorität entspricht direkt den Sach- und Arbeitserfordernissen. Sie ist klar begrenzt auf einen jeweils bestimmten Aufgabenbereich. Der Autoritätsträger ist jeweils nur für diese Funktion, etwa die Arbeitsplanung für ein bestimmtes Gerät, für ein bestimmtes flexibles Fertigungssystem mit funktional-aufgabenbezogener Autorität ausstaffiert.

Sie reicht nur so weit, wie sie durch die übertragene Aufgabe abgedeckt wird. Damit ist die funktional-aufgabenbezogene Autorität dem Delegationsprinzip sehr eng zugeordnet. Zweifellos hat der Vorgesetzte, der sich auf seine funktionale Autorität stützt, der von seiner Autorität kraft Stellung so viel einsetzt, wie zur erfolgreichen, planmäßigen Arbeitsdurchführung notwendig ist, seltener Autoritätsprobleme im Vergleich zu anderen Kollegen, etwa schwachen Vorgesetzten, die die gegebenen Möglichkeiten der funktionalen Autorität nicht einsetzen — oder gegenüber denjenigen, die ihre Kompetenzen überschreiten. Die funktional-aufgabenbezogene Autorität bezieht sich auf bestimmte betroffene Mitarbeiter und ist diesen — von der sachlichen Forderung bzw. Notwendigkeit her — einsichtig; sie läßt sich klar begründen. Daraus entsteht ein stark sachbezogener Führungsstil. Dieser entspricht in hohem Maße der Rationalität moderner Industriebetriebe und der sachlichen Einstellung der Mitarbeiter im Betrieb. Ein gut durchdachter, gut geplanter Arbeitsablauf stützt die funktionale, aufgabenbezogene Autorität und entlastet den Vorgesetzten.

Die funktional-aufgabenbezogene Autorität steht in der Nähe der Fachautorität. Sie gründet sich auf der einen Seite auf die Bedeutung der Funktion bzw. der Aufgabe für das Unternehmen, zum anderen auf die fachliche Qualifikation des Vorgesetzten oder Mitarbeiters. Daraus wird aber auch eine Beziehung zur positional-legalen Autorität deutlich: Die positionale Autorität ist stark an die Funktion, an die Aufgabe und an die Fähigkeiten des Vorgesetzten bzw. Mitarbeiters gebunden.

3 Entwicklung und Pflege der persönlichen Autorität betrieblicher Vorgesetzter

Die Probleme und Schwierigkeiten in der betrieblichen Personalführung der Gegenwart beruhen nicht auf einem Mangel an Führungskonzepten, Führungsgrundsätzen oder Führungsmitteln. Es fehlt auch nicht an Vorschlägen für einen zeitgemäßen Führungsstil. So wird, wie wir zeigen konnten, derzeit ganz klar der kooperativ-partnerschaftliche Führungsstil — sicher zu Recht — favorisiert. Weitgehend übereinstimmend wird ein Führen durch Zielvorgabe bzw. Zielvereinbarung und ein weiterentwickeltes Delegationsprinzip akzeptiert. Akzeptanz genießt auch die Förderung der Weiter- und Fortbildung im Betrieb, um z. B. mit der schnellen technologischen Innovation und den sich rasch ändernden Marktanforderungen Schritt halten zu können.

Die Probleme wie Schwierigkeiten der Personalführung und die deutlich erkennbare Zurückhaltung begabter, entwicklungsfähiger junger Mitarbeiter, Führungsverantwortung zu übernehmen, sind durch den „Zeitgeist" initiiert und durch ideologisch akzentuierte „wissenschaftliche" Meinungsbildung mitbedingt; diese Tendenzen haben wir bereits in der Einführung angesprochen.

Die für eine zielstrebige, effiziente und kooperative Personalführung unbedingt erforderliche Autorität des Vorgesetzten wurde in den letzten 20 Jahren in der Nähe autoritärer Macht bzw. Gewalt angesiedelt und verdammt.

Persönliche Autorität, die wichtigste Komponente der Vorgesetztenautorität, ist nicht angeboren, nur die Anlagen, die entwickelt werden müssen, sind es. Persönliche Autorität ist in erster Linie das Ergebnis ständigen an sich Arbeitens, um die Grundhaltungen zu entwickeln und zu festigen, auf denen persönliche Autorität beruht.

Die Unternehmungen müssen ein vitales Interesse haben, die persönlichen Voraussetzungen der Autorität ihres Führungsnachwuchses zu entwickeln, zu pflegen und zu festigen.

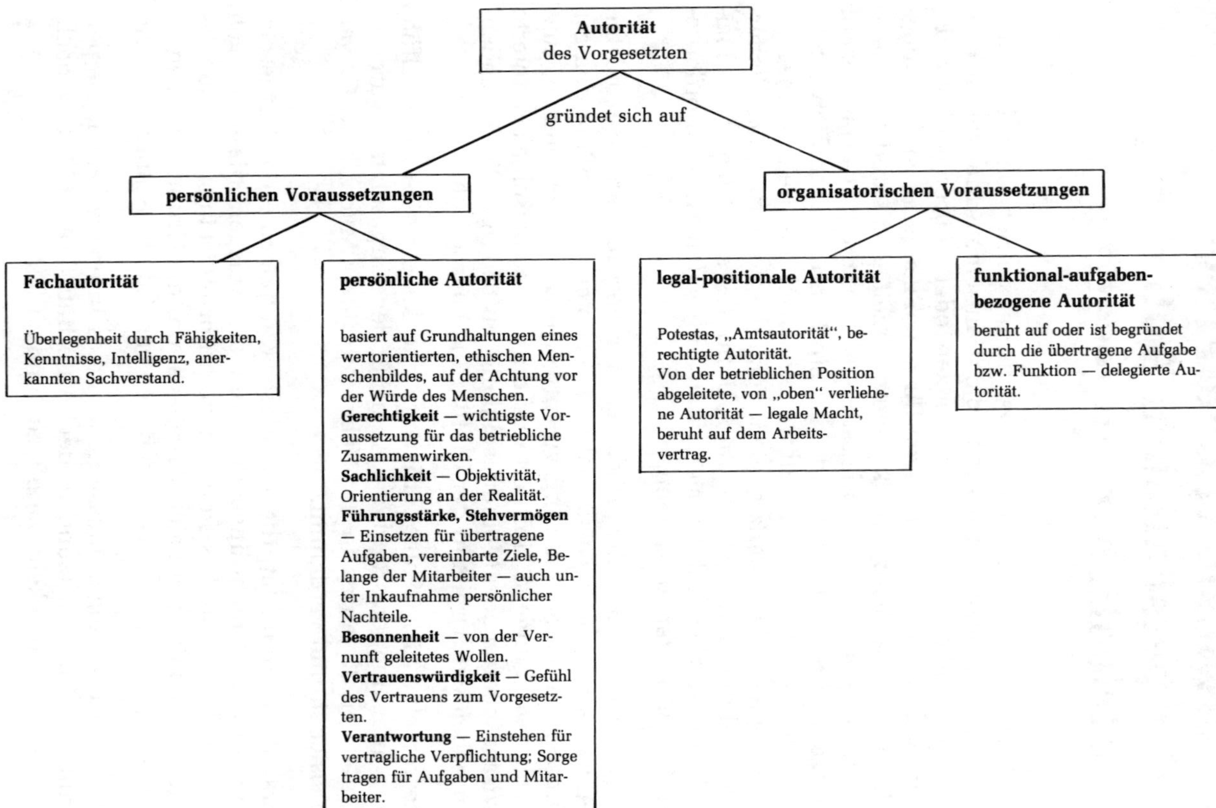
Autorität
des Vorgesetzten
gründet sich auf
persönlichen Voraussetzungen
organisatorischen Voraussetzungen
Fachautorität
Überlegenheit durch Fähigkeiten, Kenntnisse, Intelligenz, anerkannten Sachverstand.
persönliche Autorität
basiert auf Grundhaltungen eines wertorientierten, ethischen Menschenbildes, auf der Achtung vor der Würde des Menschen.
Gerechtigkeit — wichtigste Voraussetzung für das betriebliche Zusammenwirken.
Sachlichkeit — Objektivität, Orientierung an der Realität.
Führungsstärke, Stehvermögen — Einsetzen für übertragene Aufgaben, vereinbarte Ziele, Belange der Mitarbeiter — auch unter Inkaufnahme persönlicher Nachteile.
Besonnenheit — von der Vernunft geleitetes Wollen.
Vertrauenswürdigkeit — Gefühl des Vertrauens zum Vorgesetzten.
Verantwortung — Einstehen für vertragliche Verpflichtung; Sorge tragen für Aufgaben und Mitarbeiter.
legal-positionale Autorität
Potestas, „Amtsautorität", berechtigte Autorität.
Von der betrieblichen Position abgeleitete, von „oben" verliehene Autorität — legale Macht, beruht auf dem Arbeitsvertrag.
funktional-aufgabenbezogene Autorität
beruht auf oder ist begründet durch die übertragene Aufgabe bzw. Funktion — delegierte Autorität.

Unser Vorschlag für eine Konzeption zur Entwicklung und Förderung der Autorität des Vorgesetzten basiert auf den persönlichen und organisatorischen Voraussetzungen der Autorität.

Im Rahmen einer zeitgemäßen kooperativ-partnerschaftlichen Führungskonzeption sollte der Schwerpunkt auf die Entwicklung und die Pflege der persönlichen Autorität gelegt werden, ohne dabei die wichtigen aufgaben- und zielbezogenen organisatorischen und rechtlichen Komponenten zu vernachlässigen.

In der linksstehenden Übersicht sind die Komponenten der Autorität des betrieblichen Vorgesetzten dargestellt; an dieser Definition der Autorität orientieren sich unsere weiteren Überlegungen.

Vorschläge für die Entwicklung und Förderung der Vorgesetztenautorität:

— In der betrieblichen Führungskonzeption, in den Führungsgrundsätzen und -leitlinien sollte der Entwicklung und Pflege der Führungsautorität ein hervorragender Stellenwert zuerkannt werden, sollte etwa dem des kooperativ-partnerschaftlichen Führungskonzeptes und Führungsstils entsprechen.
  Die Entwicklung und Pflege der Führungsautorität gehört zu den verbindlichen Vorgaben einer Personalplanung und -führung.
— Die persönlichen Voraussetzungen für die Führungsautorität stehen am Ende eines längeren persönlichen Entwicklungsprozesses. Deshalb sind die Merkmale der persönlichen Autorität in die Liste der betrieblichen Personalbeurteilungsmerkmale aufzunehmen. Damit wird sichergestellt, daß schon frühzeitig diejenigen Mitarbeiter identifiziert und gefördert werden, die die persönlichen, entwicklungsfähigen Voraussetzungen zur späteren Übernahme einer Führungsfunktion haben.
— Schon bei der Personalauswahl, bei der Einstellung von begabten, entwicklungsfähig erscheinenden Bewerbern, die z. B. für ein betriebliches Traineeprogramm vorgesehen werden, sollte auf das Vorhandensein der Merkmale für persönliche Autorität geachtet werden.
— In das betriebliche Personalentwicklungskonzept — im Rahmen der Fort- und Weiterbildung — sind geeignete Schulungs-Angebote zur Entwicklung der Führungsautorität aufzunehmen. Damit ist die Weiterentwicklung der Führungspersönlichkeit vorrangig.

3.1 Förderung der Autorität des Vorgesetzten durch Führungsgrundsätze

Führungsgrundsätze sind schriftlich formulierte Leitlinien für Führung und Zusammenarbeit sowie für die betrieblichen Führungsinstrumente.

Führungsgrundsätze sind gegenüber den Organisationsgrundsätzen abzugrenzen, die sich auf die zweckmäßige Gestaltung der auf das Unternehmen bezogenen Organisation richten. Die Führungsgrundsätze sind weiter gegenüber den Unternehmensgrundsätzen abzugrenzen. Synonyme Wörter sind: Unternehmensphilosophie, Unternehmensverfassung, Unternehmensleitlinien, Grundsätze der Unternehmenspolitik u. ä. Kennzeichnend für die Unternehmensgrundsätze ist, daß sie die für das Unternehmen wichtigen grundlegenden Normen und Wertvorstellungen enthalten und den Mitarbeitern die für ihre Arbeit notwendige Orientierung geben. Insbesondere enthalten die Unternehmensgrundsätze eine Definition des Zieles und Zweckes des Unternehmens sowie eine Beschreibung der grundsätzlichen Verhaltensnormen, z. B. gegenüber den eigenen Mitarbeitern, den Lieferanten, Kunden, Kapitalgebern, Eigentümern, aber auch gegenüber der Öffentlichkeit, dem Staat, der Gemeinde u. ä.

Die Führungsgrundsätze sind ein wesentlicher Bestandteil der Unternehmensgrundsätze. Synonyme Ausdrücke für Führungsgrundsätze sind: Leitlinien unserer Führung, allgemeine Führungsleitsätze, allgemeine Führungsanweisung, Leitsätze für Führungskräfte u. ä. In den Führungsgrundsätzen werden Normen als Orientierungsrahmen für das Zusammenwirken von Vorgesetzten und Mitarbeitern aller hierarchischen Stufen vorgegeben. Sie sind auch die Basis für die Beurteilung des Führungsverhaltens der Vorgesetzten und tragen auch zur definitorischen Klarheit im Führungsbereich bei.

In den Führungsgrundsätzen sind Handlungsmaximen ausformuliert, die in der Regel durch ein Führungskonzept, etwa das einer kooperativen Führung, vorgegeben sind.

Töpfer und *Zander* (1982) haben die nachstehende Checkliste zur Bestandsaufnahme und Orientierung vorgelegt. In diesem Fragenkatalog wird gefragt nach dem jeweiligen, aktuell vorhandenen Bedingungsrahmen, der Grundstruktur, den Inhaltsbereichen des Führungskonzeptes, der Art der Entwicklung und Einführung sowie dem gegenwärtigen Entwicklungsstand und der künftigen Entwicklungsrichtung.

Checkliste: Führungsgrundsätze und Führungsinstrumente — Kooperative Führungskonzepte in der Unternehmenspraxis.

1. Bedingungsrahmen

— Welche branchen- und unternehmensbezogenen Besonderheiten beeinflussen die Art und den Inhalt des Führungskonzeptes?

2. Grundstruktur

— Welche inhaltlichen Bestandteile umfaßt das Führungskonzept Ihres Unternehmens?
— Für welche Ebenen Ihres Unternehmens ist das Führungskonzept besonders wichtig?
— Basiert das Führungskonzept auf einem theoretischen Modell, wie dem Harzburger Modell, dem Management by Exception, by Objectives oder einem anderen?

3. Inhaltsbereiche

— Bestehen in Ihrem Unternehmen schriftliche Grundsätze für die Führung und Zusammenarbeit?
— Welche Führungsbereiche und -funktionen werden darin angesprochen und geregelt?
— Haben die Führungsgrundsätze einen Empfehlungs- oder einen verbindlichen Charakter?
— Wie erfolgt die Zielsetzung und Planung über mehrere Ebenen in Ihrem Unternehmen?
— Wie ist die Delegation von Aufgaben, Kompetenzen und Verantwortung geregelt?
— Inwieweit ist eine Mitwirkung der Mitarbeiter auf verschiedenen Ebenen an Entscheidungsprozessen gegeben?
— Wie sind die Informationsinhalte, -rechte, -pflichten und -beziehungen geregelt?

- Wie erfolgt eine Erfolgskontrolle, und unter wessen Beteiligung laufen Kontrollprozesse ab?
- Wie sieht das System der Leistungsbeurteilung in Ihrem Unternehmen aus?
- Welche Grundsätze gelten für die Lohn- und Gehaltspolitik?
- Welche wesentlichen Motivationsfaktoren enthält das Führungskonzept Ihres Unternehmens?
- Welche Maßnahmen und Programme zur Personalförderung, -fortbildung und -entwicklung werden in Ihrem Unternehmen durchgeführt?
- Welche Arten von Besprechungen und Gesprächen zwischen Vorgesetzten und Mitarbeitern werden in welchem zeitlichen Rhythmus durchgeführt (z. B. zur Zielvereinbarung, Erfolgskontrolle, Leistungsbeurteilung, Förderung)?
- Welche weiteren organisatorischen Führungsinstrumente enthält das Führungskonzept Ihres Unternehmens (z. B. Stellenbeschreibungen, Zielbilder, Budgets, Funktionendiagramme, Ziel-Ergebnis-Analysen)?

4. Entwicklung und Einführung

- Seit wann existiert das Führungskonzept in seiner jetzigen Form?
- Wie sahen die Vorstufen des gegenwärtigen Führungskonzepts aus?
- Wie und unter Beteiligung welcher Ebenen und Stellen im Unternehmen wurde das jetzige Führungskonzept erarbeitet (z. B. Führungskräfte, Betriebsrat, Mitarbeiter)?
- Wie, in welchen zeitlichen Abschnitten und in welchen inhaltlichen Teilschritten wurde bzw. wird das Führungskonzept eingeführt?
- Wurden alle Mitarbeiter Ihres Unternehmens über das Vorhaben informiert?
- Welche Fortbildungsveranstaltungen wurden durchgeführt zur Information über die Inhalte des Führungskonzeptes sowie den angestrebten Führungsstil, und werden Trainingsmaßnahmen durchgeführt zur Beeinflussung und Veränderung des Verhaltens von Vorgesetzten und Mitarbeitern?

5. Entwicklungsstand und -richtung

- — Welche positiven Auswirkungen ergaben sich aus dem gegenwärtigen Führungskonzept?
- — Welches sind noch Problembereiche bzw. Schwachstellen des praktizierten Führungskonzeptes?
- — Werden in Ihrem Unternehmen Mitarbeiterbefragungen durchgeführt?
- — In welcher Weise soll das Führungskonzept in naher Zukunft ergänzt bzw. verbessert werden?

Diese Checkliste soll nach *Töpfer* und *Zander* (1982) der betrieblichen Bestandsaufnahme dienen.

Führungsgrundsätze — so *Raidt* (1982) — sollen dem Mitarbeiter im Unternehmen Ziel- und Verhaltenssicherheit geben. Jeder soll wissen und sich auch darauf berufen können, welche Formen des Miteinander im Betrieb gewollt sind. Damit soll in allen hierarchischen Stufen die Grundlage für eine gedeihliche Zusammenarbeit geschaffen werden.

Basis wiederum ist der Gedanke der partnerschaftlichen Zusammenarbeit, verbunden mit dem Respekt vor der Persönlichkeit des einzelnen. Das bedeutet für uns — so *Raidt* —, daß wir der kooperativen Führung mit dem Element der Zielvereinbarung den Vorzug geben, ohne sie zu verabsolutieren.

Führungsrichtlinien gibt es bei der Deutschen Shell AG seit 1974. Hier werden gerechte Behandlung und kooperativer Führungsstil in einem engen Zusammenhang gesehen. Sie erhielten die Bezeichnung „Grundsätze der Führung und Zusammenarbeit“ (*Sulanke*, 1982). Die Grundsätze wurden von einer Projektgruppe im Auftrage des Vorstandes erarbeitet und mit dem Gesamtbetriebsrat abgestimmt. „Der Grundsatz der gerechten Behandlung aller Mitarbeiter . . ., das Leistungsprinzip sowohl im Sinne eines Angebotes an die Mitarbeiter zur Selbstverwirklichung als auch im Sinne der Anerkennung herausragender Leistung durch Förderung und überdurchschnittliche Vergütung, das Prinzip eines kooperativen Führungsstils zur Lösung der auf das Unternehmen zukommenden Aufgaben . . . praktizierte Führungsgrundsätze.“

Die Führungskonzeption der Reemtsma Cigarettenfabriken (*Glaubrecht*, 1982) basiert auf dem kooperativen Führungsstil. „Dieses Bekenntnis zum kooperativen Führungsstil läßt zugleich eines erkennen: Entscheidend für den Erfolg der Leitlinien ist das Vorbild der Führungskraft. Sie ist die Grundlage der persönlichen Autorität, auf der moderne Führung wesentlich beruht. Damit wird Amtsautorität, Autorität kraft Stellung, Position oder Rang nicht überflüssig. Doch bedarf sie zunehmend der Ergänzung durch die Autorität kraft Wissen, Können oder Überzeugungskraft, also der persönlichen Autorität."

Kernsätze der kooperativen Führung bei Reemtsma:

- Ziele — Ziele festlegen — Anfang der gemeinsamen Arbeit; jeder muß die Ziele seines Handelns kennen und sich für ihre Verwirklichung einsetzen.
- Delegation — Verantwortung übertragen — Herausforderung für uns alle; jeder soll möglichst selbständig arbeiten und entscheiden. Aber auch Verantwortung tragen.
- Information — Informieren — Voraussetzung für erfolgreiche Zusammenarbeit. Angestrebt wird die offene und partnerschaftliche Zusammenarbeit. Das setzt bei der Arbeitsteilung und Delegation ausreichende Information voraus.
- Entscheidung — Entscheidungen treffen — Zusammenarbeit sicherstellen.
  Angestrebt werden klare, verbindliche und zielgerichtete Entscheidungen; das verlangt Koordination und Zusammenarbeit unter Mitwirkung aller, die sachliche Beiträge leisten können.
- Kontrolle — Kontrollieren — Ergebnisbewertung und Hilfe.
  Angestrebt wird der selbständige, eigenverantwortliche Mitarbeiter. Zur Ergebnisbewertung ist Kontrolle notwendig; sie ist Information und Hilfe zugleich.
- Beurteilung — Beurteilen — Anerkennung und Kritik.
  Angestrebt wird, jeden Mitarbeiter seinen Fähigkeiten entsprechend einzusetzen; das setzt Beurteilung voraus; darauf bauen Anerkennung und Kritik auf.
- Fördern — Helfen — Leistungskraft stärken.
  Angestrebt wird der leistungsfähige und leistungswillige Mitarbeiter; dazu gehören Förderung und Unterstützung, wo immer es möglich ist.

Beiersdorf — ein Arzneimittelhersteller — hat sich nach *Pedding-haus* und *Czisnik* (1982) mit der verbindlichen Vorgabe von Führungsprinzipien einen Codex gegeben. Dabei wurden zwei wesentliche Gesichtspunkte herausgestellt:

- Die Führungsgrundsätze verpflichten den Vorgesetzten bis hin zu den Vorstandsmitgliedern zur Beachtung bestimmter Spielregeln.
- Der Mitarbeiter weiß, welche Spielregeln von seinen Vorgesetzten und von ihm zu beachten sind.

Bei Beiersdorf gehören zu den Führungselementen unter anderem:

- Führen mit Verantwortung — das Besondere dieser Forderung ist das persönliche Engagement, Verantwortung zu übernehmen, auch für Entscheidungen mit Risiko.
- Führen mit Courage — bedeutet Mut gegenüber anderen, aber auch gegenüber sich selbst. Aufgefordert wird zu konstruktiver Kritik gegenüber Vorgesetzten, Gleichgeordneten und gegenüber Mitarbeitern.

Bei Beiersdorf kann man unschwer Elemente der persönlichen Autorität, insbesondere Führungsstärke und Verantwortung erkennen.

Siemens betont den Stellenwert der Verantwortung im Führungsprozeß. Die „Leitsätze für Führungskräfte" beziehen sich einmal auf „Leistung und Zusammenarbeit", zum anderen auf „Einsatz und Förderung der Mitarbeiter".

Leistung und Zusammenarbeit:

- Klare Ziele setzen — gibt dem Mitarbeiter die Chance zur Selbstkontrolle seiner Arbeit. Um die Mitarbeit und das Mitdenken zu fördern, müssen die Zusammenhänge zwischen den Einzelaufgaben und den übergeordneten Zielen sichtbar gemacht werden.
- Verantwortung übertragen — besser als Einzelanweisungen und Zwischenkorrekturen ist die Übertragung von Aufgaben, die der Mitarbeiter — sobald er dazu fähig ist — selbständig und in eigener Verantwortung übernimmt. Durch das gemeinsame Erarbeiten von Zielen und die Besprechung der abgeschlossenen Arbeiten kann der Mitarbeiter erfolgreicher angeleitet werden.

— An Entscheidungen beteiligen — die Spezialisierung und höhere fachliche Anforderungen verlangen mehr als bisher Teamarbeit. Wer an der Entscheidungsvorbereitung beteiligt ist, wird sich auch mit der Entscheidung identifizieren.
— Arbeitsergebnisse besprechen — dadurch werden Leistungsanreize gegeben; auch eine gute Arbeit verdient eine Besprechung, nicht zuletzt zur Stärkung des Selbstvertrauens des Mitarbeiters. Korrektur oder Kritik an nicht befriedigenden Leistungen sind unerläßlich.
— Zusammenarbeit aktivieren — Zusammenarbeit bestimmt mehr denn je den Erfolg des einzelnen und des Unternehmens; der Vorgesetzte schafft dazu die Plattform.
— Gegenseitig informieren — die Integration der Aufgaben im Unternehmen verlangt wechselseitige Information.

Einsatz und Förderung der Mitarbeiter:

— Maßarbeit bei der Aufgabenstellung — eine Aufgabe soll den Fähigkeiten und Erwartungen des Mitarbeiters entsprechen. Arbeitsfreude und Arbeitserfolg hängen entscheidend davon ab.
— Offenheit in der Beurteilung — jeder Mitarbeiter hat ein Recht zu wissen, wie seine Leistungen und sein Verhalten beurteilt werden. Der Vorgesetzte soll hierüber mit dem Mitarbeiter von Zeit zu Zeit ausführlich sprechen, mit ihm konkrete Arbeitsziele festlegen und die beiderseitigen Vorstellungen über die weitere berufliche Entwicklung klären.
— Lernen endet nicht mit dreißig — der technische und wirtschaftliche Fortschritt verlangt ein ständiges Lernen.
— Förderung durch neue Aufgaben — eine langfristige Planung des Aufgabenwechsels ist besonders bei Nachwuchskräften wichtig. Angesichts der wachsenden Spezialisierung führt oft nur dieser Weg zur Breite praktischer Erfahrung, die vor allem für Vorgesetzte wichtig ist.
— Leistungsgerechtes Einkommen — Grundlage für eine leistungsgerechte Einkommensbemessung ist die Bewertung der Arbeitsaufgabe.

Führen erfordert — nach den Leitsätzen für Führungskräfte der Firma Siemens — Loyalität gegenüber dem Unternehmen, aber auch das Vertreten der eigenen Überzeugung, wenn die Sache und die Verantwortung für die Mitarbeiter es verlangen.

Im Hinblick auf unsere Definition der persönlichen Autorität ist festzustellen, daß bei den Siemens-Leitsätzen das Element der Verantwortung und der Gerechtigkeit — sowohl dem Unternehmen als auch den Mitarbeitern gegenüber — einbezogen ist.

Knebel und *Schneider* (1983) haben in der nachstehenden Übersicht die in der Fachliteratur genannten, wesentlichsten Inhaltsbereiche von Führungsgrundsätzen zusammengetragen:

- Kooperativer Führungsstil
- Pflichten und Rechte von Vorgesetzten und Mitarbeitern
- Individuelle Verhaltensweisen (Initiative, Leistungs- und Verantwortungsbereitschaft, Zivilcourage)
- Zwischenmenschliche Beziehungen (z. B. Vertrauen, Toleranz, Konfliktregelung, Führungsverhalten, Anerkennung und Kritik)
- Delegation von Aufgaben, Kompetenzen und Verantwortung
- Selbständiges und eigenverantwortliches Handeln der Mitarbeiter
- Entscheidungskompetenzen
- Ausnahmeregelungen
- Stellvertretung
- Mitwirkung an der
  - Zielsetzung (-vorgabe, -vereinbarung)
  - Planung
  - Entscheidungsfindung
  - Kontrolle (Eigenkontrolle)
- Informationsfluß und -austausch
- Möglichkeit zu Verbesserungsvorschlägen
- Besprechungen
- Gruppenarbeit (Arbeits-, Projekt- und Koordinierungsgruppen)
- Mitarbeitergespräche
- Erfolgskontrolle der Arbeitsergebnisse
- Mitarbeiterbeurteilung
- Mitarbeiterfortbildung
- Mitarbeiterförderung
- Mitarbeiterqualifikation bzw. -leistungsfähigkeit
- Mitarbeitermotivation bzw. -leistungsbereitschaft.

Kooperatives Führen verlangt nach *Knebel* und *Schneider* (1983) von Vorgesetzten und Mitarbeitern

- zielbewußtes, einsatzfreudiges Handeln
- Mut und Zivilcourage
- Durchsetzungswillen.

3.2 Die Komponenten der persönlichen Autorität

Die nachstehenden *inhaltlichen* Denkanstöße sollen Anregungen für betriebliche und persönliche Entwicklungs- und Förderungsaktivitäten der persönlichen Autorität des Vorgesetzten sein.

3.2.1 Entwicklung von Führungsstärke und persönlichem Stehvermögen

Ohne das persönliche Engagement des Vorgesetzten bewegt sich im Betrieb nur wenig. Führungskonzepte und betriebliche Zielsetzungen realisieren sich nicht von selbst. Es muß jemand dahinterstehen und für die Durchsetzung sorgen. Der Erfolg hängt dabei wesentlich vom Stehvermögen derjenigen ab, die Verantwortung tragen.

Führungsstärke und Stehvermögen beim Einsatz für sachliche betriebliche Ziele oder für die gerechten Belange der Mitarbeiter dürfen nicht mit Aggressivität, egoistischer Machtdurchsetzung, Ellenbogenmentalität, Rücksichtlosigkeit o. ä. verwechselt werden.

Führungsstärke und persönliches Stehvermögen basieren u. a. auf Selbstbehauptung und Selbstsicherheit

Der Selbstsichere ist realistisch eingestellt, paßt sich flexibel der jeweiligen Situation an, trifft Entscheidungen, fühlt sich weder über- noch unterlegen, fördert den Wunsch zur Zusammenarbeit, hat Entscheidungsspielraum, ist dadurch Zwängen, Ängsten oder Streß weniger stark ausgesetzt. Gelingt die Selbstbehauptung nicht, bleiben Frustration und Resignation. Fehlhaltungen können sich ausbilden. Im Vorfeld von Verhaltensstörungen im Bereich der Selbstbehauptung finden sich nicht selten Unsicherheit und Aggression. Eine als abwertend empfundene Bemerkung eines Kollegen oder Vorgesetzten über die eigene Arbeit vermag dann seelische Erschütterungen auszulösen: „Sie gehen schon nach Hause, was sollen da die Mitarbeiter denken?" Oder: „Glauben Sie, daß ich mich wegen Ihrer verspäteten Lieferung der Unterlagen noch einmal anpfeifen lasse?" Der Selbstunsichere wird es kaum wagen, etwas zu sagen, weil er fürchtet, den anderen dadurch noch zu reizen. Der Aggressive könnte seinerseits auf den anderen losgehen, sich durch eine „Retourkutsche" Respekt zu verschaffen suchen. Im Endeffekt bleiben häufig Angst, Ärger oder Sorge vor Vergeltungsschlägen. Häufig bleibt ein zusätzlicher, die Arbeitskraft und Lebensfreude absorbierender Spannungszustand zurück.

Anregungen zur Erlangung von Selbstsicherheit und Selbstbehauptung:

Ein erster Schritt ist zu lernen, bewußt nein und ja zu sagen, um den eigenen Willen zu trainieren. Im angepaßten Ja oder Nein steckt nicht selten ein Sich-Fügen, ein Kleinbeigeben und ein Resignieren. Wer durch Anpassung hofft, Konflikten aus dem Wege zu gehen, hat wenig Möglichkeiten, standhaftes Durchstehen von Schwierigkeiten zu üben und dadurch persönlich zu wachsen und sich zu entwickeln.

Aber auch das Neinsagen im negativen Sinne ist wenig nützlich, wenn es in Nörgelei, unfruchtbare Distanzierung, sture Ablehnung oder nackte Macht demonstrieren wollen ausartet.

Das positive Nein soll eine konstruktive Spannung zwischen zwei Positionen, die Auseinandersetzung für die Entwicklung neuer Ideen schaffen, alternative Lösungen erarbeiten im Sinne der anspornenden Konkurrenz und nicht der zerstörerischen, subjektiven Rivalität, die auf die Vernichtung des „Gegners" hinausläuft. Vor allem soll das positive Nein dem einzelnen einen persönlichen Freiheits- und Handlungsspielraum eröffnen und damit sein Selbstvertrauen und seine Effektivität steigern.

Neben dem positiven Neinsagen sollte auch das positive Jasagen stehen, in dem eine wirklich begründete Übereinstimmung mit dem anderen zum Ausdruck kommt, die mit einer den anderen bestätigenden gefühlshaften Zuwendung einhergeht.

Festigkeit und Stärke ja — Aggressivität nein

Oft herrscht in den Betrieben immer noch Aggressivität und Gewalt. *Fußhöller* (1972) beschreibt psychologische Aspekte der Aggression: „Womit wir innerlich nicht fertig werden, was wir vergebens unterdrücken, das schlägt aus uns heraus, ohne befreiend zu wirken." Aggressionen bauen nicht auf, sondern reißen nieder, bringen nicht vorwärts, sondern hemmen den Fluß der Entwicklung. Die entstehenden Reibungsverluste sind zwar häufig nicht sofort abzuschätzen, vergeuden aber nicht selten mehr seelische Energie, als die Sache wert ist.

Es gibt verschiedene Formen der Aggression. Man kann auf gleicher Ebene zurückschlagen, Angst und Schrecken verbreiten, sich rücksichtslos durchsetzen oder mit Zähnen und Klauen wehren, wenn irgendwo die geringste Kritik sich zeigt. Je nachdem sind die Formen grober oder feiner, offen oder versteckt. Gegen Mitarbeiter kann man einen verletzenden aggressiven Ton anschlagen oder betriebsame Hektik entfalten, die den anderen keinen klaren Gedanken fassen läßt. Weitere Formen: anklägerische Abwertung, hochgeschraubtes Beleidigtsein, massive Erpressung, zielstrebige Sabotage, fortwährendes Geschimpfe und Genörgle, bewußte Verfälschung oder Lügen u. ä.

Es muß klar herausgestellt werden: Jede Aggressivität ist Gewaltanwendung.

Fußhöller (1972) macht Vorschläge für den Umgang mit Aggression:

- Entschlossene Absage an Gewalt.
- Widerstand gegen Aggression ist keine Provokation. Widerstand leisten gegen einen miserablen Umgangston, den möglicherweise mancher für schneidig hält und von dessen Wirksamkeit er überzeugt ist. Widerstand gegen beleidigendes, wichtigtuerisches Geschwätz, herablassende Besserwisserei, die zu überheblich ist, um noch anständig zu sein.
  Festigkeit gegenüber dem aggressiven Typ, der nicht weiß, was Partnerschaft ist.
- Positive Reaktionen stärken das Ansehen. Wenn irgend etwas geschieht, was die positiven Kräfte stärkt: mitmachen. Nicht erlauben, daß man vorschnell einer Kategorie zugeordnet und abgestempelt wird. Auch das ist eine Taktik des aggressiven Typs.

— Schlagabtausch führt zu nichts. Eine denkbare Möglichkeit wäre, Aggression mit Aggression zu beantworten. Dafür entscheiden sich viele, die von Hause aus nicht zu den Aggressiven gehören. Sie argumentieren, man dürfe nicht alles hinnehmen, sonst würde dies als Schwäche und Nachgiebigkeit ausgelegt und die Angriffe steigern. Daran ist sicher etwas, aber auch diese Einstellung löst das Problem nicht. Wo Aggression gegen Aggression steht, potenziert sie sich.
— Gefragt ist eine Veränderung der Grundeinstellung.

Im übrigen sollte man jede Aggression sofort zurückweisen und sich energisch den angemessenen Ton und die angemessenen Umgangsformen ausbitten. Prinzipiis obsta, wehre den Anfängen! Wer diesen Rat *Ovids* nicht beachtet, sieht sich plötzlich mitten im Krieg. Jedenfalls müssen Vorgesetzte, Kollegen und Mitarbeiter wissen, daß man nur unter entsprechenden Bedingungen mit sich reden läßt, koste es was es wolle.

Die letzte Konsequenz einer Beschäftigung mit dem Phänomen der Aggression ist die Einsicht, daß man einander viel verzeihen muß. Mag sein, daß der eine mehr, der andere weniger Schuld hat.

Stärke, Führungsstärke zeigt sich in Entschiedenheit

Es liegt wohl in der Natur des Menschen, Grenzerfahrungen machen zu wollen, um zu wissen, wie weit man gehen kann. Wie weit sich sein „Revier“, seine Einflußsphäre ohne größeres Risiko ausdehnen läßt. Schon beim Kleinkind ist zu beobachten, daß es nach Grenzerfahrungen sucht. Auch der Erwachsene testet z. B. seinen Vorgesetzten oder Arbeitskollegen, wie weit er gehen kann, wo der andere seine „Verteidigungslinie“ aufgebaut hat, wie stark dessen „Reaktion“ ist. Ist die „Gutmütigkeit“ des anderen erkannt, ist es relativ gefahrlos, auf Kosten anderer zu expandieren. Nur werden wenige der Verlockung widerstehen, es auch zu versuchen.

Durch überlegte, doch möglichst prompte, in jedem Falle aber entschiedene und eindeutige Reaktion sollte der Vorgesetzte dem Mitarbeiter Klarheit verschaffen. In der Regel ist es einfacher und weniger mühevoll für den Vorgesetzten, eine entschiedene erste Reaktion zu zeigen, als später ein eventuell verlorengegangenes Terrain wieder zurückzugewinnen.

Festigkeit in der persönlichen Haltung muß jedoch nicht mit Schroffheit oder Verletzung des Selbstgefühls des anderen verbunden sein. In der Regel muß der Vorgesetzte mit seinem Mitarbeiter weiter zusammenarbeiten. Stärke zeigt sich in einer ruhigen, sachlichen, bestimmten, höflichen Form.

Viele „Verstöße“ lassen sich bei aufmerksamer Wachheit frühzeitig erkennen. Wird der Vorgesetzte überrascht, sollte er zunächst einmal Zeit gewinnen, um dann den Zeitpunkt zum Eingreifen selbst zu bestimmen.

Führungsstärke ist bei der Durchführung von Kontrollen gefragt

Wozu dient die Kontrolle? Neben der Sicherstellung von Quantität und Qualität, von Terminen und der Beachtung der betrieblichen Normen bringt die Kontrolle auch Entlastung von Verantwortung für den Mitarbeiter. Es geht nicht nur darum, die Einhaltung von Sollwerten zu kontrollieren, sondern auch um die Gewinnung von Daten für eine gerechte, sachbezogene Beurteilung der Mitarbeiter und um die Einleitung geeigneter Maßnahmen zu ihrer Förderung und Entwicklung.

Warum sind nun Führungsstärke, Mut und Stehvermögen insbesondere bei der Kontrolle gefragt? Es ist diejenige Aufgabe des Vorgesetzten, bei der am stärksten das Über- und Unterordnungsverhältnis von Menschen zum Ausdruck kommt. Von den Mitarbeitern wird Kontrolle immer noch als etwas Unangenehmes empfunden und löst bei vielen zwiespältige Gefühle aus. Kontrolle gilt als Verletzung der persönlichen Freiheit, als Mißtrauen, als Eingriff in den eigenen Verantwortungsbereich, als „Beitrag“ zur Verschlechterung des Betriebsklimas.

Die „Vorbehalte“ des Vorgesetzten gegen die Ausübung seiner Kontrollpflicht können begründet sein durch Führungsschwäche infolge mangelnder Kontrolltechnik, geringes Kontrollbewußtsein, Angst vor fachlicher Unsicherheit — nicht zuletzt auch aus „Sorge“ vor dem Schwund der „Beliebtheit“ bei den Mitarbeitern.

Führungsstärke ist gefragt, wenn der Vorgesetzte, nachdem das Ergebnis der Kontrolle, des Soll-Ist-Vergleichs, vorliegt, sich klar zu äußern, ob er eine Soll-Ist-Abweichung festgestellt hat oder nicht.

Eine solche Feststellung ist zur Festigung der Führungsautorität unerläßlich. Sie muß auch deshalb ganz klar getroffen werden, damit sich der Mitarbeiter für die Zukunft daran orientieren kann.

Für die Durchführung der Kontrolle können die nachstehenden Empfehlungen helfen:

— Die Ausübung der Kontrolle muß sich auf das sachlich Wesentliche und Notwendige beschränken. Der Mitarbeiter muß den sicheren Eindruck gewinnen, daß der Vorgesetzte einer sachnotwendigen Pflicht nachkommt.
— Der Vorgesetzte wird zum Partner für den Mitarbeiter durch die Hilfe bei der Analyse der Fehlerursachen, wenn die Soll-Ist-Abweichung auf fehlendem Wissen oder Können beruht.
— Der Mitarbeiter muß bei der Übertragung der Arbeitsaufgabe davon unterrichtet werden, nach welchen Maßstäben oder Standards kontrolliert wird.
— Der Vorgesetzte soll offen kontrollieren. Es ist schlechter Führungsstil, ohne zwingende sachliche Notwendigkeit in Abwesenheit des Mitarbeiters dessen Arbeit zu kontrollieren.
— Kontrollen sollen taktvoll durchgeführt werden. Der Mitarbeiter könnte beispielsweise seine Fehler selber finden und kommentieren.

Führungsstärke beweist sich in der Selbstdisziplin

Sie zeigt sich darin, daß der Vorgesetzte nicht persönliche Konflikte und Probleme auf die Mitarbeiter projiziert.

Ein Mensch projiziert, wenn er seine eigene Einstellung, seine eigenen Probleme oder Konflikte anderen Menschen zuschreibt. Subjektiv ist es Menschen mit schwachem Selbstvertrauen nicht immer verläßlich möglich, eigene Probleme von jenen zu unterscheiden, die tatsächlich durch die Umgebung, die Mitarbeiter entstanden sind. Akzeptiert ein Vorgesetzter z. B. nicht seine eigenen Fehler, sondern schreibt sie einem Mitarbeiter („Sündenbock") zu, sucht er Mißerfolge durch die „Böswilligkeit" oder das „Unvermögen" anderer zu erklären — ohne vorher sachlich und vourteilsfrei geprüft zu haben —, so spricht der Fachmann von der Externalisation von Problemen, Schwächen und Konflikten. Die Neigung zur Projektion ist um so stärker, je schwächer das Ich, das Selbstvertrauen ist.

Für den Vorgesetzten, insbesondere für den jungen, ergeben sich zwei typische Formen von persönlichen Konflikten, die *Zaleznik* (1975) mit Statusangst und Wettbewerbsangst umschreibt. Innere Konflikte werden in der Regel von Angstzuständen begleitet. Die Wettbewerbsangst des Aufsteigers oder auch des (jungen) Vorgesetzten zeigt sich in der Angst zu versagen oder in der Angst vor dem Erfolg.

Die Angst zu versagen befällt vor allem diejenigen, die schon im Kindesalter in die Anonymität der Gruppe flüchteten, um nicht aufzufallen. Wenn sie als Kinder von Eltern und Lehrern angehalten wurden, ihre möglicherweise gute Intelligenz zu entfalten, sich also voll einzusetzen, flüchteten sie in die Passivität oder Teilnahmslosigkeit. Sobald ein solcher Mensch sich von der Gruppe oder der Masse abhebt oder abheben soll, hat er Angst, sich zu blamieren. Die Ursache liegt in seinem schwachen Ich, seinem geringen Selbstvertrauen. Man könnte auch sagen, es fehlt ein genügend starkes Identitätsgefühl, es mangelt ihm an Selbstachtung. Deshalb gibt er auf, ehe er begonnen hat. Das Problem offenen Wettbewerbs zu vermeiden, kann dadurch entstehen, daß die Umwelt (z. B. Eltern) hohe Leistungsmaßstäbe setzten oder daß sich der Betroffene selbst unerreichbare Ziele vornimmt und deshalb aus diesem Teufelskreis allein nicht herauskommt.

Die andere Spielart der Wettbewerbsangst, die Angst vor dem Erfolg, resultiert aus Schuldgefühlen, die auf der Vorstellung beruhen, der eigene Erfolg gehe zu Lasten eines anderen. Man hat eine Position nur durch Verdrängung eines anderen erreicht. Ein Erfolg würde dann konsequenterweise Schuldgefühle erwecken und den Wunsch, das zum Erfolg führende Verhalten ungeschehen oder rückgängig zu machen. Ist dieser Konflikt, der in abgeschwächter Form wohl immer in vergleichbaren Situationen auftritt, stärker ausgeprägt, dann tritt die Angst vor dem Erfolg und somit die bewußte oder unbewußte Tendenz zur Eigensabotage zutage.

Von der Statusangst kann vor allem derjenige befallen werden, der schon Erfolg und Anerkennung erreicht hat. Statusangst tritt beispielsweise auf, wenn der Vorgesetzte seinen Weisungen Verbindlichkeitscharakter gibt und zugleich den Wunsch hat, von seinen Mitarbeitern geliebt zu werden. Die meist grundsätzliche Unvereinbarkeit von Achtung und Zuneigung begünstigt die Entstehung der

Statusangst. Tendiert nun der Vorgesetzte dazu, seinen Status als Vorgesetzter zu demontieren, um als „netter Kerl“ zu gelten, wird er meist die Erfahrung machen, daß die Mitarbeiter kräftig mithelfen beim Abbau des Vorgesetztenstatus. Sie zeigen sich aber befremdet, wenn der Vorgesetzte etwas von ihnen fordert. Neben der Abnahme der Arbeitsleistung kann ein solcher Vorgesetzter auch die Zunahme der Geringschätzung bis hin zur Verachtung ihm gegenüber beobachten. „Sollten Sie einer Führungskraft begegnet sein, die bei einer Diskussion unfähig schien, einen Standpunkt einzunehmen, die zweideutig aus beiden Mundwinkeln gleichzeitig zu sprechen schien, so kann mit großer Wahrscheinlichkeit angenommen werden, daß Sie auf einen Mann im Kampf mit der Statusangst gestoßen sind“ (*Zaleznik*, 1975).

Alle Maßnahmen gegen innere Konflikte sollten auf eine Stärkung des Ich, des Selbstvertrauens sowie auf den Aufbau des Stehvermögens hinauslaufen, z. B. in Tätigkeiten und Beziehungen selektiv zu werden und zu lernen, sich anderen mitzuteilen (*Schmidt*, 1984).

Praktizieren von wohlwollender Bestimmtheit

Wer Mitarbeiter führen will, muß einen gewissen Abstand halten. Es gibt Menschen, die z. B. infolge ihrer energielosen „Gutmütigkeit“ diesen Abstand nicht wahren und deshalb ihre Mitmenschen nicht richtig behandeln. Sie wundern sich darüber, denn nach ihrer Meinung meinen sie es nur gut mit den anderen; sie richten sich in allem nach ihm aus, leben gewissermaßen ganz in ihm, „gehen in ihm auf“ — trotzdem gelingt es ihm nicht, z. B. die Zuneigung und das Vertrauen ihrer Vorgesetzten zu erringen.

Solche Menschen — es gehören zu ihnen z. B. alle, die nicht nein sagen können — entäußern sich nicht selten unter Hintanstellung ihrer Selbstachtung oder meinen, den anderen so behandeln zu müssen, wie es dessen Eigenart fordert. Aber gerade diese Haltung ist falsch. Sie kommt dem anderen nicht zugute, fördert ihn nicht, sie wird ihm langweilig oder lästig.

Jeder Mensch, der führt, muß — trotz aller Bemühungen um den anderen — auf Distanz sehen und seine Autorität wahren. Wobei natürlicherweise die Autorität aus der Eigenart der jeweiligen Persönlichkeit selbst herauswachsen muß. Eigenschaften, die dieser natürlichen Autorität entsprechen, sind persönliche Festigkeit und der Wille zur Disziplin. Sie haben nichts zu tun mit Schroffheit und Rücksichtslosigkeit.

Persönliche Festigkeit und der Wille zur Disziplin wirken nur, wenn sie nicht aufbauen auf Ehrgeiz, Besser-wissen-Wollen, Geltungsbedürfnis und Machthunger, sondern auf Fachwissen, Sachlichkeit des Urteils, Gerechtigkeitsgefühl und Einsichtvermögen. Aus Freundlichkeit, Höflichkeit einerseits, aus persönlicher Festigkeit und Willen zur Disziplin andererseits entwickelt sich die Verhaltensweise der wohlwollenden Bestimmtheit, die geneigt macht, dort nachzugeben, wo es erforderlich ist, aber dort fest bleibt, wo es die Aufgabe erfordert.

Wohlwollende Bestimmtheit wird akzeptiert und eher gefordert als „Gutmütigkeit" oder Unentschlossenheit. Es gibt kaum ein schlechteres Urteil der Mitarbeiter über ihren Vorgesetzten, als wenn sie von ihm sagen: Der weiß nicht, was er will.

3.2.2 Förderung von Sachlichkeit, Objektivität, Klugheit

Sachlichkeit, Objektivität und Klugheit lassen sich mit Wirklichkeitssinn beschreiben. Die Realität bestimmt, was zu tun ist und was nicht und wie es getan werden muß.

Brugger (1971) definiert Klugheit als Fähigkeit, am Maßstab praktischer Wahrheit richtig zu entscheiden im Hinblick auf das bestimmte konkrete Handeln.

Kiefer (1982) spricht von Klugheit als dem Mut zur Wahrheit und als Anerkennung des umfassenden Seins und der Wirklichkeit.

Klugheit zeigt sich im Mut zu Sachlichkeit und Objektivität

Wird einem Mitarbeiter eine Vorgesetztenfunktion übertragen, so ist vorher zu fragen, ob er den Mut hat, sich an den Realitäten der Arbeitsaufgabe zu orientieren und nicht an „Anpassungsleistungen" an Vorgesetzte, zum eigenen Vorteil aus Opportunismus. Der kluge Vorgesetzte bemüht sich, objektiv und sachlich zu sein. Eine objektive, sachliche Grundeinstellung bemüht sich um vorurteilsfreie Offenheit, prüft kritisch ihre Informationsquellen, vermeidet vorschnelle bzw. einseitig-parteiliche Stellungnahmen.

Die Beherrschung des Widerspruchsgeistes ist eine wichtige Forderung der Klugheit

Manche mögen es vielleicht als Scharfsinn bezeichnen, überall Schwierigkeiten, Probleme und Fehler anderer zu entdecken. Unklug aber ist es, getrieben von eigener Geltungssucht, alles der eigenen Eitelkeit zu opfern. Es ist auch weder sinnvoll noch klug, sich aus Eigensinn, wenn der andere schon eine gute Argumentationslinie aufgebaut hat — rein aus Eigensinn —, mit der entgegengesetzten und vielleicht schwächeren Position zu identifizieren.

Der Unüberlegte multipliziert zuweilen — um einen Fehler zu vertuschen — seine Schwäche. Er stopft ein Loch zu, um ein größeres aufzureißen.

Eigensinn ist klar von Selbständigkeit zu trennen.

Objektivität, Sachlichkeit sind gefragt bei Beschwerden, bei Beurteilungsvorgängen

Mögliche Risiken für die Objektivität und Sachlichkeit:

- Übergroße Nachsichtigkeit und Milde
- Gefühle der Sympathie und Antipathie
- „Hallo-Effekt"; dieser besteht darin, daß bei einem Eindrucksurteil Merkmale als zusammengehörig erlebt werden, die objektiv in keinem Zusammenhang stehen müssen. Wenn sich beispielsweise ein Mitarbeiter auf einem Gebiet qualifiziert hat, werden ihm auch auf einem anderen Gebiet entsprechende Fähigkeiten zugetraut.

Der „Rosenthal-Effekt" besagt, daß die Einstellung des Vorgesetzten zum Mitarbeiter einen wesentlichen Einfluß auf dessen Leistung hat. Der amerikanische Psychologe *Rosenthal* nannte Hauptschullehrern die Namen von angeblich überdurchschnittlich intelligenten Schülern ihrer Klasse. In Wirklichkeit waren diese Schüler willkürlich ausgewählt und übertrafen die anderen Schüler nicht.

Die Lehrer erwarteten also überdurchschnittliche Ergebnisse und schufen damit die Bedingungen für tatsächliche Leistungssteigerungen. In der Praxis wird nicht selten Entmutigung und damit Leistungsabfall dadurch provoziert, daß man dem Mitarbeiter nichts zutraut und ihm das auch mitteilt.

In einer Liste von Fehlerquellen dürfen auch die Vorurteile nicht fehlen. Es wurde wiederholt nachgewiesen, daß vorgefaßte Meinungen — ohne vorgängige Erfahrung — sehr zählebig sind.

Neigt der Vorgesetzte dazu, sich selbst zum Vergleichsmaßstab zu machen, ergeben sich weitere Fehlerquellen.

Fehlerquellen eröffnen sich auch, wenn der Mitarbeiter in ausgeprägter Weise dazu tendiert, den „Erwartungen" entsprechen zu wollen. So kann er beispielsweise irrtümlich davon ausgehen, daß der Vorgesetzte auf etwas Bestimmtes großen Wert legt. Die Folge davon ist eine die Realität verbiegende „Fehlanpassung" bis hin zur „Kriecherei". Umgekehrt manipuliert der Mitarbeiter den Vorgesetzten, wenn er dessen „Eigenart" erkannt hat.

Sich nicht ausnützen lassen

Wer auf die Gutmütigkeit anderer spekuliert, zum persönlichen Vorteil, wer anderen seine eigenen Wünsche suggeriert oder wer anderen Verantwortung oder die Sündenbockrolle zuschiebt, auf den heißt es aufpassen.

In solchen Fällen sollte man fragen, wem der Vorschlag oder das Angebot nützt. Eine entwickelte Menschenkenntnis oder eine bedächtige Prüfung bewahren davor, echtes Wohlwollen von mehr oder weniger raffinierter Bauernfängerei zu unterscheiden.

Sich nicht zu vorschnellen Urteilen verleiten lassen

Es gibt eine Reihe ernstzunehmender Untersuchungen, die belegen, daß der erste Eindruck oft revidiert werden muß. Es gehen z. B. zu viele von der Situation abhängige Äußerlichkeiten wie Kleidung oder Begleitumstände in das erste Bild vom anderen mit ein. Vor allem aber ist es die „undefinierte" Situation z. B. des Erstkontaktes, die irritiert und Gefühle der Unsicherheit hervorruft. Viele Menschen können das nicht lange ertragen, vor allem bei schwachem Selbstvertrauen oder fehlender Gelassenheit. Beim Erstkontakt mit einem Menschen, einer Sache oder einem Problem fehlen noch die Sicherheit und mögliche Bezugssysteme, etwa die der eigenen Erfahrung. Nahezu zwangsläufig ergibt sich daraus ein starker Drang, den anderen möglichst schnell zu definieren bzw. einen Lösungsvorschlag zu haben. So besteht die Gefahr, von einer Äußerlichkeit, etwa einem Bart, mit Hilfe von Vorurteilen „hochzurechnen" auf die Gesamtpersönlichkeit. Steht nun dieses „Bezugssystem", glaubt man zu wissen, wie der andere einzuschätzen ist. Damit verschwindet das unangenehme Gefühl der Unsicherheit und die „undefinierbare" Situation. Wird diese Einschätzung anderen mitgeteilt und somit mit dem eigenen Prestige des „Menschenkenners" oder „Fachmannes" verknüpft, kommt man schwer davon los, es sei denn, man gibt zu, sich geirrt zu haben.

Zurückhaltend sein mit der „Veröffentlichung" von Schwächen des anderen

Zu *Sokrates* kam in eiliger Emsigkeit ein Bekannter und sprach: „Hast Du schon gehört, *Sokrates*? Das muß ich Dir erzählen." „Halt, mein Lieber!" sagte begütigend der Philosoph. „Hast Du Dir drei Fragen vorgelegt, bevor Du anhebst?"
„Welche drei Fragen, *Sokrates*?"
„Zum ersten, ist es wahr, was Du mir berichten willst?"
„Nun ja, wahr", bedachte sich der Besucher, „es erzählen sich's die Leute; ich selber war allerdings nicht dabei."
„Zum zweiten, ist es etwas Gutes?"
„Nein, das nicht! Im Gegenteil — aber das ist's ja gerade . . ."
„Also zum dritten, mein Lieber; ist es nötig, daß Du mir's hinterbringst?"
„Nein, Du Wunderlicher, nötig ist es wohl nicht, aber es dürfte für Dich wohl unterhaltsam sein, zu hören, wie . . ."
„Dann laß uns schnell", schloß der Weise, „den Göttern Dank sagen, daß wir der Gefahr entronnen sind, unbekannte Fehler eines Nächsten ohne Not zu offenbaren oder zu vergrößern — meinst Du nicht auch?"

Diese Empfehlungen des griechischen Philosophen haben nichts an Aktualität eingebüßt.

Machtstreben kann den Vorgesetzten dazu verleiten, jede Gelegenheit zur Demonstration der eigenen Stärke und Überlegenheit zu nutzen.

Sieht man aber vom krankhaften Masochisten ab, wird sich kaum jeman über die Verletzung seines Selbstgefühls freuen. Vielmehr wird der Vergeltungsdrang auf die nächste günstige Gelegenheit lauern, um die empfundene Schmach zu rächen.

Objektivität und Sachlichkeit akzeptieren den Menschen so, wie er ist

Die Sachlichkeit im mitmenschlichen Umgang wird gefördert, wenn der andere so akzeptiert wird, wie er ist. Ein Hilfsmittel, um das zu lernen, ist die Höflichkeit. Sie diszipliniert die eigene emotionale Ablehnung und regt den anderen auch zur Höflichkeit an. Sie verhindert den offenen Konflikt und die tiefen seelischen Verletzungen des Selbstgefühls des anderen.

Die Sachlichkeit wird gefördert durch die Grundeinstellung des „Erwachsenen-Ich", wie sie die „Transaktionsanalyse" (siehe u. a. *Schmidt,* 1983) herausgearbeitet hat. Diese Grundeinstellung orientiert sich bewußt an der Realität, betont die Sachbezogenheit, wird von Selbstvertrauen getragen. Diese Einstellung kommt in Fragen (warum? was? wer? wie?), in Redewendungen (auf welche Weise?) oder im häufigen Gebrauch von wahrscheinlich, verhältnismäßig u. ä. zum Ausdruck.

Die objektive Grundeinstellung nimmt Menschen und Dinge so wahr, wie sie wirklich sind, nicht wie sie vom subjektiven Standpunkt oder vom „Ideal" her sein sollten.

Methodische Analysen des Istzustands fördern Sachlichkeit und Objektivität

— Analysen des Istzustands; ohne sachliche Bestandsaufnahme gibt es keine der Realität angemessenen Lösungen. Hierher gehört auch der Hinweis auf alle methodengerecht angewendeten betrieblichen Verfahren zur Analyse betrieblicher Situationen, zur Sammlung von Daten wie Arbeitsstudien oder Stellenbeschreibungen und Analysetechniken. Als Beispiele seien herausgegriffen und kurz beschrieben:

- Ermittlung der Anforderung — Sie besteht in der Feststellung und Gewichtung der arbeitsplatzbezogenen Anforderungen an den Menschen. Das durch die Analyse gewonnene „Anforderungsprofil“ ist die Grundlage für den eignungsgerechten Personaleinsatz, die anforderungsabhängige Lohn- oder Gehaltsdifferenzierung und eine die Anforderungen berücksichtigende Arbeitsgestaltung (*Schmidt,* 1983, 1986).
- Arbeitsanalyse und Stellenbeschreibung — Für die Organisation des Betriebs sind beide unentbehrliche Grundlagen. Stellenbeschreibungen bieten verschiedene Anwendungsmöglichkeiten. *Berenson* und *Ruhnke* (1977) haben die nachstehende Liste zusammengestellt:
  - Schaffung einer rationalen Basis für die Gehaltsstruktur.
  - Klärung der Beziehungen zwischen Stellen zur Vermeidung von Verantwortungsüberlagerungen und -lücken.
- Hilfsmittel für Mitarbeiter aller Ebenen zum besseren Verständnis ihrer gegenwärtigen Stellen durch die Analyse ihrer Aufgaben.
- Instrument zur Neugestaltung der Organisationsstruktur auf jeder Ebene.
- Neuzuweisung und Festlegung von Funktionen und Verantwortungsbereichen in der gesamten Organisation.
- Beurteilung der Stellenleistung durch Vergleich der Tätigkeit des Mitarbeiters mit den in seiner Stellenbeschreibung enthaltenen Aufgaben.
- Einführung neuer Mitarbeiter in ihren Aufgabenbereich.
- Hilfsmittel zur Einstellung und Einweisung von Mitarbeitern in Stellen, für die sie am besten geeignet sind.
- Festlegung von Beförderungswegen innerhalb aller Abteilungen und auf allen Ebenen.
- Abschätzung von Ausbildungsbedürfnissen einer speziellen Funktion.
- Aufrechterhaltung der Kontinuität aller Tätigkeiten in einer sich wandelnden Arbeitswelt.
- Information über den korrekten Instanzenweg.
- Hilfsmittel zur Erstellung von Anwärterqualifikationen.
- Verbesserung des Arbeitsflusses.

— Kritische Überprüfung der bestehenden Praktiken innerhalb der Organisation.

Ein weiteres Verfahren ist das von *Rohmert* und *Landau* (1979) vorgelegte „Arbeitswissenschaftliche Erhebungsverfahren zur Tätigkeitsanalyse (AET)". Es dient dazu, in der Planung befindliche Arbeitssysteme bezüglich Belastung und Beanspruchung der Arbeitsperson zu untersuchen. Unter anderem kann dieses Verfahren in der systematischen Schwachstellenanalyse eingesetzt werden. Insbesondere mit der Methode der „Profilanalyse" können Arbeitssysteme eines Bereiches als im humanitären oder organisatorischen Sinne gestaltungsbedürftig erkannt werden.

3.2.3 Anregungen zur Entwicklung und Förderung der Besonnenheit

Bei großer Stärke und Nachhaltigkeit der Antriebe kann es zur Maßlosigkeit, zur Sucht, zu Leidenschaft oder zu Fanatismus kommen. Der gleiche Effekt wird erreicht, wenn die Selbststeuerung schwach ist. So kann sich etwa der Egoismus über das biologisch, wirtschaftlich Notwendige hinaus steigern und zur Selbstsucht, des Nicht-genug-kriegen-Könnens steigern. Beim Selbstsüchtigen zeigt sich der Hang, andere bis zur Gewissenlosigkeit auszunützen, aber auch in Kälte, Härte und Teilnahmslosigkeit. Zu den mitmenschlichen Einstellungen der Selbstsucht gehört vor allem auch der Neid, die Mißgunst; sie stellt sich dann ein, wenn der Selbstsüchtige einen Wert der Nützlichkeit, eine Möglichkeit des Profits in den Händen anderer sieht.

Je stärker der Egoismus eines Menschen ist, desto geringer ist seine Bereitschaft, sachliche Verbindlichkeiten anzuerkennen. Die Selbstsucht kann in verschiedenen Formen auftreten. Sie kann sich äußern in aggressiver Weise, in Grobheit, Rohheit, Rücksichtslosigkeit, Willkür und launenhafter Gewalttätigkeit. Ein anderes Bild bietet die Selbstsucht, wenn sie sich mit einer gewissen Schwächlichkeit verbindet, die darin ihren Ausdruck findet, daß der Mensch mit Unruhe und Ängstlichkeit um das Wohl und die Sicherung seines Selbstes besorgt ist. Der Selbstsüchtige von diesem Typ ist häufig unoffen, lavierend in seinen Äußerungen.

Ähnlich wie der gesunde Egoismus kann auch das gesunde Machtstreben ausufern. Zuweilen verschanzt sich der Machtwille dabei hinter der Autorität sachlicher Forderungen und erscheint dann als Nörgelei, Pedanterie und Prinzipienhaftigkeit. Nicht weniger wichtig als diese Erscheinungsform des Machtwillens ist jene, die im Wehtun ihre Befriedigung sucht und findet. Geht nach *Nietzsche* der Machtwille auf den „Anblick des Unterworfenen", auf das Bewußtsein der Verfügungsgewalt und den Triumph der Überlegenheit, dann findet er seine Befriedigung nirgends vollkommener als im Anblick der Not und des Leidens, die er dem anderen zufügt. Dies sind die Zusammenhänge, aus denen Bosheit und Grausamkeit zu erklären sind und es verständlich wird, daß man die Macht als böse schlechthin bezeichnet hat. Jedenfalls ist die Bosheit ein Sprößling des Machtwillens. Im Wehtun der Bosheit entdeckt der Wille zur Macht die letzte Möglichkeit seiner Bestätigung, und zwar dann, wenn er seine Überlegenheit auf anderen Wegen nicht zu erweisen vermag.

Die Maßlosigkeit des Geltungsstrebens führt zur Geltungssucht. Geltungssucht kommt immer dann zustande, wenn ein starker Geltungsanspruch durch tatsächliche Leistungen und Wertverwirklichungen nicht erfüllt werden kann, dennoch aber nicht aufgegeben, sondern hartnäckig aufrechterhalten wird. Mehr scheinen als man ist, dies ist für den Geltungssüchtigen das Grundprinzip seiner Selbstdarstellung. Gelingt es dem Geltungssüchtigen nicht, sich durch Prahlsucht oder Renommieren Beachtung bei seinen Mitmenschen zu verschaffen, verfällt er oft darauf, die Werte, die er sich selbst nicht zu schaffen vermag, überall da herabzusetzen, wo er sie findet. Andere Praktiken entwickelt der Geltungssüchtige, wenn er sich einordnen muß in ein soziales oder berufliches Umfeld oder in den Autoritätsbereich anderer. In solchen Situationen zeigt sich die Geltungssucht als Eigensinn, Starrsinn, Trotz, Widerspruchsgeist oder Rechthaberei. In jedem Sichfügen gegenüber fremder Autorität erlebt der Geltungssüchtige einen Angriff auf sein „Prestige". In den Umkreis dieser Variante der Geltungssucht gehören wesentlich Launenhaftigkeit, Unversöhnbarkeit und Übelnehmerei (*Lersch*, 1956).

Der Tugend der Besonnenheit bedürfen insbesondere diejenigen, die *Remplein* (1967) die „Zwiespältigen", die „Zerrissenen" nennt.

In diesen streiten die gegensätzlichsten Triebe bzw. Triebfedern miteinander, etwa Genußsucht und Leistungsstreben, Egoismus und Altruismus. Deshalb werden sie von den verschiedensten Kräften hin- und hergerissen; sie leben in ständigen inneren Konflikten und geraten oft genug auch in äußere. Sie sind häufig außerstande, die Kluft der divergenten Triebfedern zu überbrücken. Sie machen mitunter stürmische Anläufe zu aktiv-konzentrierter Arbeit, zu sozialem Einsatz. Unfähig, die in ihrer Seele sich widerstreitenden Tendenzen zu versöhnen, die richtige Mitte zu finden, werden sie hin- und hergerissen.

Da der Mensch durch eine schwach entwickelte oder fehlende Tugend des Maßes die Mitte im aristotelischen Sinne, zwischen den Polen der Festigkeit und Unfestigkeit der Persönlichkeit schwankend, nicht halten kann, neigt er zu Problemen und Spannungen.

Die nachstehenden Anregungen richten sich in erster Linie auf die individuelle Förderung der Besonnenheit:

Entwicklung der Selbstbeherrschung — eine wichtige Voraussetzung für besonnenes Verhalten

Jeder, der sich um ein höfliches und freundliches Verhalten bemüht, kommt ohne Selbstbeherrschung nicht aus. Ohne gelegentlich Zwang auf sich selbst auszuüben, ohne gelegentlich eine gute Miene zu irgendeinem bösen Spiel zu machen, kommt keiner aus, dem die mitmenschlichen Beziehungen am Herzen liegen. Der Vorgesetzte sollte Herr seiner affektiven Regungen bleiben, auch wenn es ihm in der gegebenen Situation schwer fällt. Mit der Möglichkeit, daß es beim anderen zu solchen affektiven Regungen kommt, muß jedoch stets gerechnet werden. So sehr der Vorgesetzte also die Affekte des anderen in seinen Plan der Menschenführung einkalkulieren muß, so sehr hat er die Pflicht, sich selbst seiner besseren Einsicht entsprechend zu verhalten. Diese Selbstbeherrschung geht einen jeden an, ganz gleich, welche Stellung er einnimmt. Es lohnt sich und es wirkt sich auf das Betriebsleben positiv aus, wenn man sich in einer höflichen und freundlichen Weise begegnet — die Betriebs- und Umgangskultur pflegt.

Nicht übereilt reagieren, sich nicht provozieren lassen

Manche Probleme brauchen einfach zur Reifung Zeit, eine „schöpferische Pause". In der Selbstbiographie großer Denker findet man immer wieder den Bericht, daß entscheidende Einsichten meist in einer Phase der Entspannung gewonnen werden. Man sollte „über eine Sache von Wichtigkeit schlafen", zumindest zwischendurch „abschalten", sich zu entspannen suchen. Ist man sich einer Sache nicht sicher, hat ein „ungutes" Gefühl, dann sollte man versuchen, Zeit zu gewinnen, zum Beispiel, wenn schon in der ersten Phase eines Unternehmens, die in der Regel am sorgfältigsten vorgeplant wird, sich deutliche Unsicherheiten zeigen, so ist erhöhte Wachsamkeit geboten.

Wenn die Wogen der Gefühle und Affekte hochgehen, die Stürme der Leidenschaften toben, sollte man die Dinge und die Absichten ruhen lassen. Stürme und Emotionen beruhigen sich wieder; man kann es in der Regel abwarten.

Auch bei ausgeprägten Gegensätzlichkeiten den anderen nicht persönlich angreifen

Während konkurrierende Sachpositionen eine Herausforderung darstellen und die Sache dadurch möglicherweise sogar gefördert wird, fehlt dem Angriff auf die Persönlichkeit die positiv-konstruktive Komponente. Haß begünstigt die Unsachlichkeit, erhöht die zwischenmenschlichen Reibungsverluste. Die Klugheit sollte den endgültigen Bruch verhindern. Tiefe Verletzungen des Selbstgefühls des anderen sind ein fruchtbarer Nährboden für Feindschaft und Haß.

Den Bogen nicht überspannen

Besonnen handelt der Vorgesetzte, der nicht immer alles oder alles sogar sofort erreichen will. Maßvoll ist, wer seine Mitarbeiter nicht bis an die Grenze des Erträglichen oder Zumutbaren belastet. Allein schon die Gerechtigkeit fordert, daß sowohl den berechtigten Erwartungen des Unternehmens und den berechtigten Erwartungen der Mitarbeiter zu entsprechen ist. Das bewahrt davor, den Bogen zu überspannen und schafft die Voraussetzungen für ein dauerhaftes betriebliches Zusammenwirken.

Im Hinblick auf die persönliche Karriere gilt: Erfolge müssen nicht nur errungen, sondern auch gesichert werden. Erfolg weckt Neid. Deshalb ist es unklug, mit dem Erfolg zu prahlen und sich damit unnötig Schwierigkeiten zu schaffen. Eine gewisse zeitliche Distanz ist oft nützlich, bevor das Erreichte der Öffentlichkeit präsentiert wird. *Gracian* (38) rät: „Vom Glücke beim Gewinn scheiden: so machen es alle Spieler von Ruf. Ein schöner Rückzug ist ebensoviel wert als ein kühner Angriff . . . Ein lang anhaltendes Glück ist allemal verdächtig; das Unterbrochene ist sicher und das Süßsauere desselben sogar dem Geschmack angenehmer."

Besondere Gefahr droht, wenn allein aus dem Gefühl oder einer Stimmung heraus reagiert wird. Wenn die Gefahr erkannt ist, läßt sich oft ein unüberlegtes, überstürztes Handeln vermeiden.

An die Konsequenzen, vor allem an den Ausgang denken

Besonnenheit zeigt sich, wenn bei allen Aktivitäten, z. B. beim Mitarbeitergespräch, vor Beginn das Gesprächsziel vorüberlegt wird. Daraus ergibt sich ein Rahmen, der im Gespräch — situationsabhängig — ausgefüllt werden kann. Flexibilität des Vorgehens bedarf dieses Gesprächsrahmens; ansonsten müßte man häufig von Wankelmütigkeit oder Labilität sprechen.

Gefährlich ist eine Planung, die sich von Wunschdenken leiten läßt. Besonders schädlich kann sich ein übersteigerter Geltungsdrang auswirken, vor allem, wenn das „Prestige" des einzelnen auf dem Spiele steht oder zu stehen scheint. „Da der Geltungssüchtige dem Wunschbild seiner persönlichen Wirkung verfallen, von ihm gleichsam in hypnotischen Bann geschlagen ist, ist es verständlich, daß er dazu neigt, die Wirklichkeit überhaupt zu übersehen, sofern sie das Wunschbild seiner Geltungssucht beeinträchtigt bzw. daß er der Gefahr anheimfällt, die Wirklichkeit nach dem Wunschbild seiner Geltungssucht umzufälschen" (*Lersch*, 1956). Diese Gefahr ist dann besonders groß, wenn der Beginn einer Unternehmung zunächst von großem Erfolg oder Beifall begleitet war und das Ende praktisch dem Zufall überlassen blieb.

Wer erfolgreich ist, braucht — zumindest im Stadium des Erfolges — keine Rechenschaft darüber abzugeben, wie er zum Erfolg gekommen ist. Steht aber am Ende eines Unternehmens der Mißerfolg, weiß es mancher, wie man es hätte nicht machen sollen. So ist es klug, sich von einer Sache oder einer Position so rechtzeitig zu trennen, bevor man unter Spott der anderen daraus vertrieben wird.

Um den guten Ausgang — auch im Hinblick auf unvorhersehbare Entwicklungen — zu sichern, sollte man stets etwas in Reserve haben, wenn Schwierigkeiten zu größeren Verlusten zu führen drohen. Zudem stärkt es das Prestige, wenn eine schwierige Situation durch umsichtige Behutsamkeit gemeistert wird; das Vertrauen, der „Kredit" wächst. Ein offensichtlicher Mißerfolg schadet mehr, als viele Erfolge aufgebaut haben.

Vorausdenken, doch Planungen für sich behalten

Gracian, der weltkluge Jesuit des 17. Jahrhunderts, wurde schon zitiert. Er soll noch einmal zu Wort kommen (151): „Man soll nicht das Denken verschieben, bis man im Sumpfe bis an den Hals steckt, es muß zum voraus geschehen. Durch die wiederholte und gereifte Überlegung komme man überall dem Mißgeschicke zuvor . . . und sein Beginnen vorher zu beschlafen ist besser, als nachmals schlaflos zu liegen. Manche handeln erst und denken nachher, welches heißt, weniger auf die Folgen als auf die Entschuldigungen bedacht zu sein."

Tatsächlich ereignet sich relativ selten etwas, was sich nicht irgendwie für den Wachsamen vorher angekündigt hätte. Häufig werden solche „Vorwarnungen" jedoch nicht ernst genommen.

Der Erfolgreiche plant gleichsam nach dem Modell der sogenannten „Entscheidungs-Netzplänen", d. h. er hat für verschiedene denkbare Alternativen in großen Zügen vorgeplant — zumindest in den für ihn wichtigen Bereichen.

Immer eine Möglichkeit in Reserve haben

Innere Freiheit und Selbstsicherheit hängen von einem gewissen Entscheidungsfreiraum ab. Die Abhängigkeit von einer Sache schränkt ein, so günstig sie auch sein mag. Deshalb ist es vorteilhaft, immer noch eine Möglichkeit in Reserve zu haben. Nicht zu unterschätzen sind auch die positiven Einflüsse, die aus der Dialektik von These und Antithese erwachsen können. Der geschickte Wechsel von einer Möglichkeit zur anderen kann zur Erfolgsleiter werden. So läßt sich beispielsweise vom sicheren Standpunkt des Erreichten aus in Ruhe eine zweite weiterentwickelte Möglichkeit aufbauen oder fördern. Mit der zweiten Möglichkeit, der „Alternative", wächst die Sicherheit, bleibt der Geist wach und beweglich, ist man weniger verwundbar. Bleibt noch darauf hinzuweisen, daß die zweite Möglichkeit am besten im Schatten gepflanzt wird und heranwächst, damit der andere nicht frühzeitig diese Möglichkeit in sein Kalkül mit einbeziehen kann.

3.2.4 Die Umsetzung der Gerechtigkeit im Betriebsleben

Gerechtigkeit bei der Zielvorgabe bzw. für die Zielvereinbarung mit dem Mitarbeiter

Der gerechte Vorgesetzte läßt sich von dem Bemühen leiten, die Arbeitsaufgaben (-aufträge) so auf seine Mitarbeiter zu verteilen, daß keiner weder über- noch unterfordert wird. Er wird sich bei der Aufgabenverteilung — im Rahmen seiner Möglichkeiten — bemühen, den Mitarbeitern die Chance der persönlichen und fachlichen Weiterentwicklung zu geben (z. B. durch Arbeitsbereicherung).

Der Vorgesetzte wird — bei mehreren vergleichbaren Aufträgen für mehrere geeignete Mitarbeiter — darauf achten, daß jeder die gleichen Verdienstchancen (etwa bei Akkord- und Prämienlohn) erhält; in diesem Falle kann eine streng zufällige Verteilung der Aufgaben die gerechteste sein.

Das Führungskonzept „Management by Objectives (MbO)" funktioniert nur mit Gerechtigkeit

Über das Konzept des Managements by Objectives — im allgemeinen als Führung durch Vorgabe von Zielen übersetzt — bestehen zwei unterschiedliche Auffassungen:

— Zum einen wird darunter eine — im weitesten Sinne — zielorientierte Unternehmensführung zur Erreichung der Unternehmensziele verstanden;

— zum anderen wird darunter ein Verfahren zur Beurteilung und Entwicklung von Mitarbeitern, insbesondere von Führungskräften, gesehen. Der Umfang der Zielerreichung bzw. Aufgabenerfüllung wird zur Grundlage der Leistungsbewertung und zur Bestimmung der Höhe der Gehälter eingesetzt.

Das Konzept des Managements by Objectives ist ein dynamischer Prozeß, der sich als Zyklus darstellen läßt und drei wesentliche Phasen hat:

— Bestimmung der Unternehmensziele und Ableitung der Teilziele in Form einer Zielhierarchie oder Tätigkeitspyramide.
— Ausführung der Aufgaben, die sich für die Verwirklichung dieser Ziele als notwendig erweisen.
— Leistungsbeurteilung durch Soll-Ist-Vergleich, Einleitung von Korrekturmaßnahmen bzw. Revision und Modifikation der Zielsetzungen. Korrekturmaßnahmen können sowohl im Hinblick auf die Ziele als auch hinsichtlich der Wege zur Erreichung der Ziele eingeleitet werden.

Die Hauptaufgabe des Vorgesetzten ist, zusammen mit seinen Mitarbeitern Leistungen zu erbringen. Die Tätigkeiten der Mitarbeiter im Hinblick auf die Erstellung von Leistungen sind nur dann genügend effektiv, wenn sie zielbestimmt sind. Damit sich der menschliche Leistungswille entfalten kann, muß er sich an Zielen orientieren können, denn ohne Ziele

— gibt es keine gezielte Information
— gibt es keine Planung
— gibt es keine Entscheidung; es wird nicht, zögernd oder wahllos gehandelt
— gibt es keine gesteuerte Realisation, man arbeitet möglicherweise hart, arbeitet aber ins Blaue, ins Ungewisse
— gibt es keine Kontrolle. Es gibt keinen Vergleich zwischen der Zielsetzung und dem erreichten Ergebnis; es fehlt der Maßstab
— gibt es keine oder eine mangelhafte Korrektur sachlicher Mängel, also keine Verbesserung und Innovation von Verfahren
— gibt es keine oder eine nur unzureichende Korrektur menschlicher Mängel
— Ohne Mängel gibt es somit keine Anpassungsfähigkeit und Flexibilität.

Zusammenfassung: Ohne Ziele wird unzureichend informiert und nicht optimal geplant, entschieden, realisiert und kontrolliert. Es wird nicht die Leistung erzielt, wie sie mit klaren Zielen zu erwarten wäre.

Ziele sollten nicht nur vom Vorgesetzten vorgegeben, sondern mit dem Mitarbeiter vereinbart worden sein. Dazu ist zunächst eine gemeinsame Bestandsaufnahme möglicher Ziele erforderlich:
— Welche persönlichen Ziele und Erwartungen habe ich?
— Welche davon möchte ich in meiner jetzigen Tätigkeit verwirklichen?
— Wie glaube ich, werden sich meine Ziele und Erwartungen mit der Zeit ändern?
— Welches sind die betrieblichen Ziele?
— Wie werden meine Ziele durch die betrieblichen Ziele beeinflußt?
— Wie können die Unternehmensziele und meine persönlichen Ziele aufeinander abgestimmt werden?

Wie müssen Ziele beschaffen sein?

Odiorne (1980) hat eine Zusammenstellung von Tips und Hinweisen gegeben, wie man zu guten Zielen kommen kann:
— Ziele formulieren ist nicht eine bürokratische Übung, sondern bedarf ernsthafter Anstrengungen, um nutzlose Aktivitäten aufgrund nutzloser Ziele zu vermeiden.
— Lassen Sie den Mitarbeiter begründen, warum er bestimmte Ziele in das Zielsystem aufnimmt und manche nicht. So sichern Sie die Zielentscheidung ab.
— Setzen Sie gemeinsam zur Fortschrittskontrolle Zwischenziele; Ziele müssen meßbar sein.
— Setzen Sie nicht nur Ziele, die Selbstverständlichkeiten beinhalten, sondern auch Ziele, die Außergewöhnliches anstreben. Fordern Sie heraus, aber belasten Sie die Mitarbeiter nicht unangemessen. Berücksichtigen Sie die Ideen Ihrer Mitarbeiter und auch Ideen von anderen Quellen, z. B. von außerhalb des Unternehmens.
— Leistungs- und selbstbewußte Manager setzen meist auch bessere und höhere Ziele.
— Ziele müssen realistisch und situationsbezogen formuliert sein.

— Können Ziele aufgrund von Fakten nicht präzise festgelegt werden, dann arbeiten Sie am besten mit Schätzungen. Geschätzte Ziele sind besser als gar keine Ziele.
— Formulieren Sie geringere Zielerreichungsgrade, wenn andere Ihre Ziele für zu optimistisch halben. Überschreiten können Sie das Ziel allemal.
— Ziele können durch nicht vorhersehbare Ereignisse (Marktänderungen, politische Krisen) gefährdet werden. Gehen Sie aber bei Zielformulierungen nicht davon aus, nehmen Sie normale Bedingungen an.
— Prüfen Sie Ziele, ob ihr Beitrag wirklich oder nur scheinbar effektiv war (ist).
— Ziele werden häufig nicht ehrlich, sondern aus taktischen Überlegungen heraus formuliert, z. B. um ein größeres Budget zu erhalten.
— Manche Ziele dienen nur der Selbstdarstellung.
— Ziele müssen so formuliert sein, daß ihr Erreichen nicht auf Kosten anderer in der Organisation geht und damit zu Lasten der gesamten Leistung der Organisation. Ziele müssen in einer Mittel-Zweck-Beziehung zu den nächsthöheren Zielen stehen.
— Setzen Sie die Ziele gemeinsam mit dem Mitarbeiter. Führen Sie Mitarbeiter, die nicht gelernt haben, unabhängig zu denken, allmählich durch wachsende Partizipation an ein selbständigeres Setzen von Zielen heran.
— Geheime Ziele können auch mündlich vereinbart werden.
— Fragen Sie in schwierigen Fällen Leute um Rat, die Erfahrung im Zielsetzen haben.
— Lassen Sie sich die Voraussetzungen für die Zielerreichung (z. B. mehr finanzielle Unterstützung, mehr Personal, Überstunden) nennen und den Plan darlegen, wie die Ziele erreicht werden sollen. Aber überbetonen Sie die Pläne nicht zuungunsten der Ziele.
— Setzen Sie Kundenforderungen in Ziele um.
— Übertragen Sie Ihre Mittel auf die wirklich wichtigen Ziele. Das sind solche, die eine Wertsteigerung der eingesetzten Mittel versprechen. Scheuen Sie nicht, Ziele, die unwichtig geworden sind oder sich als nicht erreichbar herausstellen, zu streichen.
— Es ist realistisch, daß manche Ziele nicht erreicht werden. Das läßt aber nicht den Schluß zu, daß das Setzen von Zielen wertlos ist. Es ist zwar schwierig, aber notwendig.

- Setzen Sie sich mit Hindernissen auseinander, die Ihre Mitarbeiter bei der Zielerreichung haben, und unterstützen Sie Ihre Mitarbeiter.
- Korrigieren Sie nicht erreichte Ziele und bestätigen Sie erreichte.

Welche Merkmale sollen „gute" Ziele haben?

- Ziele sollen möglichst quantifiziert sein. Wie der Zeitaufwand, die zu erarbeitende Menge oder die gesetzte Produktivität.
- Ziele sollen terminbezogen sein.
- Ziele können Toleranzgrenzen enthalten. Die Bandbreite muß realistisch formuliert sein als Spanne zwischen einem pessimistischen Ergebnis (Ziel ist in Frage gestellt, wenn nichts geschieht), einem „wahrscheinlichen" und einem optimistischen Ergebnis (Ziel kann tatsächlich erreicht, in Ausnahmefällen sogar überschritten werden).
- Ziele sollen möglichst aufeinander abgestimmt sein; beispielsweise müssen Quantität, Qualität und Zeitaufwand aufeinander bezogen sein, damit nicht etwa die Qualitätssteigerung einen ungebührlichen Zeitaufwand einnimmt (*Stroebe, R.* und *G. Stroebe*, 1981).

Das Erreichen des Ziels muß für den Mitarbeiter und Vorgesetzten kontrollierbar sein. Kann sich der Mitarbeiter selbst über den Fortschritt der Arbeit informieren, so fördert das entscheidend seine Bereitschaft zur Leistungssteigerung.

Die sehr zeitgemäße Führungskonzeption des MbO wird aber nur dann effektiv sein, wenn sich Vorgesetzter und Mitarbeiter vom Streben nach Gerechtigkeit leiten lassen. Wenn z. B. der Mitarbeiter die sachlich begründeten Forderungen akzeptiert und der Vorgesetzte die berechtigten Interessen der Mitarbeiter berücksichtigt. Das erfordert eine partnerschaftliche Einstellung von beiden. Das fordert vom Vorgesetzten, den Mitarbeiter als Partner zu achten, und setzt weiter voraus, daß der Mitarbeiter die Vorgesetztenautorität, vor allem die persönliche Autorität erkennen kann und dann anerkennt. Die persönliche Autorität, in dessen Zentrum das Bemühen des Vorgesetzten stehen muß, gerecht sein zu wollen, ist die unabdingbare Voraussetzung für die Managementkonzeption: Führen durch Zielvorgabe bzw. Zielvereinbarung.

Ohne Gerechtigkeit gibt es Schwierigkeiten beim Umsetzen des Delegationsprinzips

Das von *R. Höhn* und seinen Mitarbeitern vorgelegte „Harzburger Modell" (*Höhn* u. a., 1969, 1970) ist mehr als nur eine Variante der Führungsstil-Forschung. Gemeinsam ist den meisten Führungsstil-Forschern die strikte Ablehnung autoritären Führungsverhaltens, das nach *Höhn* aus der Zeit und Welt des Absolutismus stammt. „Modernes Management und autoritärer Führungsstil bilden unüberbrückbare Gegensätze" *(Höhn)*. Nach *Höhn* basiert der autoritäre Führungsstil auf straffer Befehlsführung, Disziplin und fester Ordnung.

In den Mittelpunkt des „Harzburger Modells" stellt *Höhn* das Delegationsprinzip, das er folgendermaßen umschreibt:

— „Die betrieblichen Entscheidungen werden nicht mehr lediglich von einem einzelnen oder einigen Männern an der Spitze des Unternehmens getroffen, sondern jeweils von den Mitarbeitern auf den Ebenen, zu denen sie ihrem Wesen nach gehören.

— Die Mitarbeiter werden nicht mehr durch einzelne Aufträge vom Vorgesetzten geführt. Sie haben vielmehr einen festen Aufgabenbereich mit bestimmten Kompetenzen, in dem sie selbständig handeln und entscheiden.

— Die Verantwortung ist nicht mehr auf die oberste Spitze allein konzentriert. Ein Teil dieser Verantwortung wird vielmehr zusammen mit den Aufgaben und den dazugehörigen Kompetenzen auf die Ebene übertragen, die sich ihrem Wesen nach damit zu beschäftigen hat.

— Das Unternehmen wird nicht mehr, wie dies typisch für eine der absolutistischen Denkweise entsprechende Form der Organisation ist, von oben nach unten aufgebaut, indem die vorgesetzte Instanz nur das abgibt, was ihr zuviel wird, sondern von unten nach oben, wobei die vorgesetzte Instanz der untergeordneten nur diejenigen Entscheidungen abnimmt, die ihrem Wesen nach nicht mehr auf die untere Ebene gehört" (*Höhn*, 1969).

Durch das Delegationsprinzip wird jedem Mitarbeiter ein fest umgrenzter Aufgabenbereich mit den entsprechenden Kompetenzen zugeteilt, „innerhalb dessen er verpflichtet ist, selbständig zu handeln und zu entscheiden" *(Höhn)*. Die mit der Position verbundenen Aufgaben müssen in der Stellenbeschreibung fixiert sein sowie die

Kompetenzen und die Verantwortung, die sich aus der Aufgabenstellung und den dazugehörigen Befugnissen ergibt.

Delegieren heißt in einer zeitgemäßen Form:

- Aufgaben in Zielsetzungen umwandeln und Mitarbeitern übertragen.
- Kompetenzen übertragen, die zur Ausführung der gestellten Aufgabe erforderlich sind.
- Verpflichtungen, die der Mitarbeiter mit der Aufgabe übernimmt, klarstellen.

Aufgaben delegieren heißt, Ziele (Quantität, Qualität, Termin bzw. Zeitaufwand) vorzugeben, ohne den Weg zum Ziel vorzuschreiben. Es bleibt somit dem Mitarbeiter — unter Beachtung allgemeiner betrieblicher Normen — überlassen, auf welchem Wege er das Ziel erreicht. Unabdingbare Voraussetzung für die Delegation von Aufgaben ist die aufgabenbezogene Eignung des Mitarbeiters. Es gehört zu den Pflichten des Vorgesetzten, den „richtigen" Mitarbeiter für die Aufgabe auszusuchen. Dabei kann es notwendig werden, den Mitarbeiter vorher zu qualifizieren, z. B. durch eine gezielte Arbeitsunterweisung.

Aufgaben delegieren heißt oft, dem Mitarbeiter einen Zuständigkeitsbereich einzuräumen, in dem dieser selbständig entscheiden und handeln kann, in dem er einen Handlungsfreiraum hat, der seiner Handlungsverantwortung unterliegt. Dieser Handlungsfreiraum wird jedoch durch allgemeine Vorschriften, Anweisungen, Richtlinien, Normen, nicht zuletzt durch die Zielsetzung der übertragenen Arbeitsaufgabe begrenzt. So erhält z. B. der Werkzeugmacher den Auftrag, eine Vorrichtung nach Zeichnung in einer bestimmten Zeit zu bauen und nicht die Anweisung, auf einer bestimmten Werkzeugmaschine nach einem detaillierten Arbeitsplan zu arbeiten. Das Führungsmittel Delegation bietet sich bei qualifizierten Aufgaben und Mitarbeitern häufiger an als bei Aufgaben mit sehr weitgehender artmäßiger Arbeitsteilung in der Massenfertigung. Doch eröffnen sich auch hier neue Arbeitsstrukturen, z. B. durch Arbeitserweiterung, Arbeitsbereicherung, teilautonome Arbeitsgruppen, Vorratspuffer zwischen den Arbeitsplätzen u. ä. gewisse begrenzte Freiräume für die Mitarbeiter (*Schmidt*, 1981).

Den delegierten Aufgaben haben ausreichende Kompetenzen zu

entsprechen. Unter Kompetenzen werden dem Mitarbeiter zugeteilte Rechte und Befugnisse verstanden. Nach *Ulrich* (1973) lassen sich

- Anordnungsbefugnisse (Willensdurchsetzung),
- Entscheidungsbefugnisse (Willensbildung),
- Informationsbefugnisse (Recht auf bestimmte Informationen),
- Verpflichtungsbefugnisse (Unterschriftenberechtigung u. ä.) und
- Verfügungsbefugnisse (Recht, über bestimmte Mittel oder Objekte verfügen zu können) unterscheiden.

Es ist in der Regel vom Vorgesetzten zu prüfen und zu entscheiden, welche Kompetenzen der Mitarbeiter zur Durchführung bestimmter Aufgaben von der Sache her braucht. Die Übertragung von Kompetenzen bedeutet die Übertragung von Macht. Es stellt sich somit die Frage, ob sich dadurch die Macht des Vorgesetzten verringert. Eine solche Sichtweise ist nicht sehr hilfreich, denn der Vorgesetzte behält weiterhin seinen Mitarbeitern gegenüber die Kontrolle und das Recht zum Eingreifen bei nicht tolerierbaren Soll-Ist-Abweichungen. Das ist die jetzige Praxis. *Höhn* konzipierte in der ursprünglichen Fassung des Delegationsprinzips nur die Möglichkeit der „Rückdelegation" in diesem Falle, d. h. ein Nichteingreifen des Vorgesetzten.

Um die „Führung im Mitarbeiterverhältnis", wie *Höhn* sein Modell beschreibt, realisieren zu können, müssen sich Vorgesetzte und Mitarbeiter darauf einstellen:

- „Der Vorgesetzte muß sich innerlich von dem alten Vorgesetztenbild freigemacht haben, nach dem er als Vorgesetzter grundsätzlich mehr weiß und kann als seine Mitarbeiter. Er muß den aufrichtigen Willen haben, die Initiative seiner Mitarbeiter im Mitdenken und Mithandeln dem Unternehmen nutzbar zu machen. Er muß also die innere Bereitschaft besitzen, mit echten Mitarbeitern im Sinne der neuen Führung zusammenzuarbeiten.
- Die Mitarbeiter ihrerseits müssen bereit sein, Verantwortung zu übernehmen. Sie müssen den Willen und die Fähigkeit aufweisen, eigene Initiative zu entfalten und Selbständigkeit im Denken und Handeln zu entwickeln" (*Höhn* u. a., 1969).

Die im Rahmen des Harzburger Modells entwickelten Führungstechniken umfassen die Stellenbeschreibung zur Abgrenzung des Aufgabengebietes und der Stelle, die allgemeine Führungsanweisung, verschiedene Gesprächsarten wie das Dienstgespräch oder die Dienstbesprechung.

Delegation hat nach *Sahm* (1974) grundsätzlich zwei Aspekte: Sie ist Organisationsprinzip, und sie ist Stilprinzip der Personalführung.

Als *Organisationsprinzip* bedeutet sie:

- Der Vorgesetzte bestimmt, wer was mit welchen Mitteln tut.
- Der Mitarbeiter bestimmt, wie er den Auftrag ausführt.
- Der Mitarbeiter erhält Entscheidungsbefugnisse und Handlungsverantwortung. Er besitzt eine Zuständigkeit, innerhalb derer er selbständig zu planen, zu entscheiden und zu handeln berechtigt und verpflichtet ist.
- Der Vorgesetzte darf in den Kompetenzbereich des Mitarbeiters nicht eingreifen, es sei denn in drei Ausnahmefällen:
  - Wenn eine Fehlleistung des Mitarbeiters offensichtlich ist,
  - wenn eine Entscheidungssituation eintritt, die die Kompetenz des Mitarbeiters übersteigt,
  - wenn eine Veränderung der Ziele eine Verbesserung bewirkt.

Als *Stilprinzip* bedeutet Delegation:

- den Mitarbeiter bei Führungsentscheidungen zu beteiligen,
- den Freiheitsgrad des Mitarbeiters, seine Bereitschaft und Fähigkeit, selbständig zu entscheiden und zu handeln, zu vergrößern,
- das Wertgefühl und Verantwortungsbewußtsein des Mitarbeiters zu heben und
- sich zum Mitarbeiter partnerschaftlich zu verhalten.

Wie delegiert man?

Voraussetzungen:

- Klare Organisation, d. h. Aufgabenbereiche, Befugnisse und Verantwortlichkeiten müssen sich decken;
- vorgängige Erziehung der Mitarbeiter zum selbständigen Denken und Handeln,
- eignungsgerechter Personaleinsatz.

Vorgehensweise:

- Den „richtigen“ Mitarbeiter auswählen.
- Informieren, Ziele setzen bzw. vereinbaren.

— Aufgaben übertragen.
— Befugnisse und Verantwortung abgrenzen.
— Selbständig arbeiten lassen, nicht dauernd hineinreden.
— Stichproben- und Ergebniskontrolle.

Soweit die weiterentwickelte Konzeption von *Sahm* (1974).

Nach den Vorstellungen des Delegationsprinzips ist der Vorgesetzte der Spezialist auf dem Gebiete der Führung. Diese Führungsverantwortung kann der Vorgesetzte nicht delegieren. Zu den nichtdelegierbaren Aufgaben zählen:

— Kontrolle der Leistungsergebnisse.
— Ermittlung von Innovationszielen, Planen des Fortschritts in der Abteilung.
— Motivieren der Mitarbeiter, Leistungen in einer bestimmten Weise zu erbringen.
— Auftragserteilung.
— Treffen von Entscheidungen.
— Aufrechterhalten der Disziplin.

Höhn wendet sich zwar mit Nachdruck gegen den autoritären Führungsstil, warnt aber davor, sein Modell als demokratische Führung zu interpretieren, weil im Betrieb Entscheidungen nicht durch Mehrheitsbeschlüsse der Mitarbeiter gefällt und Vorgesetzte auch nicht durch Betriebsangehörige gewählt oder durch Mißtrauensvotum abgesetzt werden. *Höhn* versteht sein Modell als Führungskonzeption, die sich bemüht, „die positiven Ansatzpunkte, die in den verschiedenen Auffassungen vom Wesen des kooperativen Führungsstils enthalten sind, zu systematisieren und zu einem einheitlichen Ganzen weiterzuentwickeln, das Vorgesetzten und Mitarbeitern eine klare Ausgangsbasis und eindeutige Normen für ihr Verhalten bietet“.

Höhn grenzt zwar das Befehls- und Gehorsamsverhältnis scharf ab und spricht dem Mitarbeiter die allgemeine „Mündigkeit“, d. h. die Fähigkeit zum selbständigen Denken und vernünftigen Handeln zu. Trotzdem schreibt er den Dienstweg, d. h. die Über- und Unterstellungsverhältnisse, die durch die Delegation von Verantwortung entstehen, vor. Dieser hierarchische Rahmen ist für Vorgesetzte und Mitarbeiter streng verbindlich.

Sieht man sich das Harzburger Modell und auch das von verschiedenen Autoren weiterentwickelte Delegationsprinzip im Hinblick auf den Stellenwert der Autorität an, so wird die Aufmerksamkeit insbesondere auf die Kompetenz und Verantwortung gelenkt. Während über die Aufgabenabgrenzung, z. B. durch Stellenbeschreibungen oder Zielformulierungen, viel gearbeitet worden ist, fehlen entsprechende weiterführende Gedanken zu den Befugnissen und der Verantwortlichkeit.

Befugnisse dürfen im Hinblick auf die Machtverteilung im Betrieb nicht immer unter dem Aspekt des Besitzstandes gesehen werden. In der Praxis reichen Befugnisse nur so weit, wie sie vom anderen akzeptiert werden. Jeder, der seine Weisungsbefugnis gegen den Willen des anderen durchsetzen will, wird erfahren, daß der andere auch über „Möglichkeiten" verfügt, sich ihm entgegenzustellen. Neben den formalen, den verliehenen Machtmitteln (z. B. Sanktionsmöglichkeiten) spielen z. B. auch Intelligenz, Fachwissen, Redegewandtheit, „Beziehungen", Gruppenzusammenhalt und -zugehörigkeit sowie Kündigungsdrohungen als Machtfaktoren eine nicht zu unterschätzende Rolle.

In diesem Zusammenhange stellt sich meistens schnell die Frage, ob die übertragene Kompetenz mit der Autorität, insbesondere mit der persönlichen Autorität korrespondiert. Damit soll der Wert der Kompetenz nicht in Frage gestellt werden. Kompetenzen müssen mit der Aufgabe delegiert werden. Entscheidend ist jedoch die Frage, wie der Träger der Kompetenzen damit umzugehen gelernt hat.

Durch die Delegation erhält der Mitarbeiter einen Zuständigkeitsbereich und damit die Berechtigung und die Pflicht, selbständig zu entscheiden, zu planen und sich entsprechend zu verhalten und zu handeln und Verantwortung zu tragen.

Wenn einem Mitarbeiter eine Aufgabe und die zu ihrer Durchführung erforderlichen Befugnisse übertragen worden sind, dann erwartet das natürliche Rechtsempfinden auch, daß er die Verantwortung, z. B. für das erstellte Produkt, die erbrachte Dienstleistung, übernimmt. Ist die Aufgabe zur Zufriedenheit gelöst, ist Anerkennung in einer angemessenen Form zum Ausdruck gebracht worden, so dürften sich keine Probleme hinsichtlich der Übernahme von Verantwortung stellen. Eine andere Situation ergibt sich beim Mißlingen der Arbeit, bei der Nichterreichung der gesetzten bzw. vereinbarten Ziele. Dann bedeutet Verantwortung tragen, sich fragen lassen müssen und Antwort geben, warum eine Soll-Ist-Abweichung aufgetreten ist. In der Regel wird es der Vorgesetzte, der die Aufgabe und die Kompetenzen übertragen hat, sein, der Rechenschaft fordert. Meistens stellt sich die Frage, ob der Vorgesetzte eine Mitverantwortung trägt für die Aufgabenerledigung seines ihm unterstellten Mitarbeiters. Eine Mitverantwortung wird nicht auszuschließen sein, wenn der Vorgesetzte

— seiner Kontrollpflicht (Stichprobenkontrolle) nicht planmäßig nachgekommen ist,
— er nicht sorgfältig genug die Auswahl des Mitarbeiters unter dem Eignungsaspekt durchgeführt,
— das Ziel, die Aufgabe nicht klar und eindeutig formuliert,
— keine ausreichenden Kompetenzen dem Mitarbeiter übertragen,
— unzureichende organisatorische Bedingungen vorgegeben oder
— unzureichend den Mitarbeiter eingeführt bzw. informiert hat.

Diese Einschränkungen der Verantwortung des Mitarbeiters beschreiben einen wesentlichen Teil des Bereichs der Führungsverantwortung des Vorgesetzten. Denn der Vorgesetzte entscheidet, welcher Mitarbeiter welche Aufgabe unter welchen Bedingungen auszuführen hat und trägt dafür die Führungsverantwortung.

Diese Überlegungen machen deutlich, daß das Delegationsprinzip — soll es sich nicht in der *Höhn*schen Form (Harzburger Modell) mit einer bürokratisch-formalistischen Autorität einengen, behindern lassen — durch eine fundierte, insbesondere persönliche Autorität gestützt bzw. weiterentwickelt werden müßte.

Die Mitarbeiterbeurteilung als Prüfstein für die Gerechtigkeit

Die Mitarbeiterbeurteilung ist ein Feld für die Bewährung des Gerecht-sein-Wollens des Vorgesetzten, wenn er sich bemüht, sachlich, objektiv, gerecht zu sein. Gerade bei der Mitarbeiterbeurteilung können sich nicht selten Subjektivität des Vorgesetzten und somit Unsachlichkeit und Ungerechtigkeit einschleichen.

Möglichkeiten zur Vermeidung von Beurteilungsfehlern:

— Vorgesetzte sollten den ersten Eindruck, den ein Mitarbeiter auf sie gemacht hat, nicht überbewerten.

- Vorgesetzte sollten sich zu einem genauen Beobachten des Arbeitsverhaltens ihrer Mitarbeiter erziehen. Sie sollten ihre Beobachtungsergebnisse immer wieder durch erneutes Beobachten kontrollieren.
- Vorgesetzte sollten ihren Wortschatz für die Beschreibung psychologischer Tatbestände ständig erweitern.
- Vorgesetzte sollten sich vor voreiligen Beurteilungen ihrer Mitarbeiter hüten.
- Vorgesetzte sollten sich ihrer großen Verantwortung bewußt sein, die das Beurteilen mit sich bringt. Mit der Beurteilung arbeitet man an der Gestaltung des Berufs- und oft auch des Lebensschicksals des Beurteilten mit.
- Vorgesetzte sollten dann immer mit dem zu beurteilenden Mitarbeiter sprechen, wenn sich zwischen den früheren und der jetzigen Beurteilung Diskrepanzen ergaben. Jedes dieser Gespräche sollte notwendigerweise eine entsprechende Weiterentwicklung einleiten.
- Vorgesetzte sollten sich immer zu einer klaren Beurteilung durchringen. Sowohl-als-auch-Urteile sind Urteile der blassen Mitte.
- Vorgesetzte sollten bei der Beurteilung sachlich sein, nicht aus einer ausgeprägteren Stimmungslage heraus urteilen. Ist man verärgert oder schlecht gelaunt, besteht die Gefahr eher „schlechter" Bewertungen, ist man freudig erregt, gibt man eher ein paar Punkte zu.
- Vorgesetzte sollten gerecht beurteilen, auch auf die „Gefahr" hin, einen guten Mitarbeiter zu verlieren, weil er gefördert wird. Vorgesetzte sollten aber auch der Versuchung widerstehen, einen Mitarbeiter fortzuloben.
- Vorgesetzte sollten sich nicht selbst zum Maßstab machen, sondern sich an den Gegebenheiten des Arbeitsplatzes und der Arbeit selbst orientieren.
- Vorgesetzte sollten nicht die Beurteilung Dritter unkritisch übernehmen; auch nicht die ihres eigenen Vorgesetzten.
- Vorgesetzte sollten sich stets darüber im klaren sein, daß jede Beurteilung mit dem Beurteilten zu besprechen ist. Er soll auch nicht davor zurückschrecken, sein eigenes Urteil abzuändern, wenn man mit sachlichen Argumenten vom Mitarbeiter überzeugt worden ist. Ein Beurteilungsgespräch ist in der Regel mit

einem Rat an den Mitarbeiter zu beenden, aus dem Mängel und Schwächen ebenso angesprochen werden sollten wie besondere Entwicklungsmöglichkeiten des Mitarbeiters. Auch die Unterstützung des Betriebes im Hinblick darauf sollte nicht fehlen.

— Jeder Vorgesetzte, der Mitarbeiter zu beurteilen hat, sollte sich selbst auch selbstkritisch gegenüberstehen. Es genügt dabei nicht, festgestellte Mängel zu bedauern. Der Selbsterkenntnis folge die Selbsterziehung! Das gilt besonders auch für Vorgesetzte.

Lohngerechtigkeit

In seiner Enzyklika Laborem exercens hat *Johannes Paul II.* als Schlüsselproblem der Sozialethik die Frage des gerechten Lohnes für die geleistete Arbeit bezeichnet; er führt aus: „Es gibt heutzutage keine wichtigere Weise, die Gerechtigkeit im Verhältnis zwischen Arbeitnehmern und Arbeitgebern zu verwirklichen, als eben die Bezahlung. . . . Es ist auch hervorzuheben, daß die Gerechtigkeit eines sozio-ökonomischen Systems und auf jeden Fall sein rechtes Funktionieren letzten Endes nach der Art und Weise einzuschätzen sind, wie in jedem System die menschliche Arbeit ihre angemessene Entlohnung findet. Hier sind wir beim Grundprinzip der ganzen sozialethischen Ordnung angelangt, beim Prinzip der gemeinsamen Nutznießung der Güter" *(Johannes Paul II.)*.

3.2.5 Vertrauen als Grundlage für die persönliche Autorität

Partnerschaft im Sozialen entwickelt sich nur dort, wo Vertrauen zwischen den Betriebsangehörigen aller Gruppen und Schichten besteht. Ohne dieses Vertrauen wird jede Art von Menschenführung als lästiger Zwang empfunden. Daß man ihm Vertrauen entgegenbringt, daran liegt im Grunde einem jeden Menschen. Jeder Mensch wünscht sich bei der Arbeit den anderen zum Partner. Diesem Streben nach Partnerschaft wird die einsichtsvolle Betriebsführung entgegenkommen.

Menschenführung, die auf Vertrauen basiert, ist auf die Dauer gesehen wirkungsvoller als diejenige, die den Zwang zur Grundlage hat.

Negativ reagieren Menschen auf jede Art von Beeinflussung durch suggestive Mittel. Alle Suggestionen werden mit der Zeit durchschaut und als das erkannt, was sie sind, als große Worte, hinter denen nichts anderes steht als leere Versprechungen.

Menschen, die sich auf diese Weise in die Irre geführt sehen, fühlen sich mit Recht betrogen. Menschen-„Irre"-Führung hat noch negativere Folgen als Zwang. Dem offenen Zwang beugt man sich, weil man nicht anders kann; man anerkennt letzten Endes bestehende Machtverhältnisse. Aber das Gefühl, durch große Worte „irre"geführt worden zu sein, ist gleichbedeutend mit dem Gefühl, daß man düpiert wurde. Keiner läßt sich gern für dumm verschleißen, läßt sich in seinem Selbstwertgefühl herabsetzen, ohne mit Rachegefühlen zu reagieren.

Zwang und Suggestion bewirken — nach gewissen Scheinerfolgen — eine Verstärkung des Mißtrauens, das oft genug das Kennzeichen der mitmenschlichen Beziehungen in den Betrieben ist. Aus diesem Mißtrauen entstehen Ressentiments und Haß.

Sicherlich ist es nicht ganz einfach für Vorgesetzte aller Ebenen, jedem Menschen, der ihnen zur Arbeit zugeteilt wird, von vornherein uneingeschränktes Vertrauen entgegenzubringen. Das liegt teils an der Anlage des Betreffenden. Es gibt eben Naturen, die von Haus aus mißtrauisch sind. Mißtrauisch sind besonders die Ehrgeizigen und Geltungsbedürftigen, und wie viele der Vorgesetzten sind deswegen Vorgesetzte geworden, weil sie geltungsbedürftig und ehrgeizig sind?

Teils liegt es an den negativen Erfahrungen, die die Betreffenden gemacht haben. Aber auch für den Mitarbeiter ist es nicht ganz einfach, seinem Vorgesetzten und dem Betrieb Vertrauen entgegenzubringen. Nicht immer sind der Vorgesetzte und der Betrieb wirklich aufrichtig bemüht, behandeln sie gerecht und ohne Ansehen der Person.

Aber gerade deshalb gilt: Es ist für die Entwicklung positiver mitmenschlicher Beziehungen in einem Betrieb, für ein positives Betriebsklima, besser, zu viel Vertrauen zu haben als ein ganz geringes Zuwenig an Vertrauen. An diesem geringen Zuwenig entzündet sich nämlich das untergründig schwelende Mißtrauen. Nur wer Vertrauen zu geben bereit ist, kann erwarten, daß ihm selbst Vertrauen entgegengebracht wird. Die Hand, die sich dem anderen vertrauensvoll entgegenstreckt, sollte die Hand des Vorgesetzten sein.

Der Vertrauens- und der Machtfaktor in der Autorität verhalten sich kompensatorisch zueinander. Je schmaler die Vertrauensbasis ist, desto stärker muß — bei gleicher Wirkung — die positional-legale Autoritätskomponente eingesetzt werden.

Die Vertrauenswürdigkeit des Vorgesetzten fördert insbesondere die tatsächliche Autorität, die Anerkennung der Autorität.

Über die Auswirkungen der Vertrauenswürdigkeit wurde bereits weiter oben gesprochen.

Wie läßt sich nun die wünschenswerte Vertrauensbasis für das Zusammenwirken von Vorgesetzten und Mitarbeitern aufbauen?

Vertrauen baut sich auf, wenn

- Zusagen eingehalten werden,
- der Vorgesetzte dem Mitarbeiter wirklich zuhört,
- der Mitarbeiter damit rechnen kann, daß die Wahrheit gesagt wird,
- man offen mit dem Vorgesetzten reden kann,
- der Vorgesetzte nie absichtlich anderen den Standpunkt des Mitarbeiters falsch darstellt,
- der Vorgesetzte den Mitarbeiter nicht vor anderen kritisiert oder bloßstellt,
- der Vorgesetzte zuverlässig ist, der Mitarbeiter sich auf ihn verlassen kann.

Vertrauensvolle Menschen räumen ihren Mitmenschen einen hohen persönlichen Kredit ein, der so lange bestehenbleibt, bis klare Beweise vorliegen, die ein weiteres vertrauensvolles Verhalten unmöglich machen.

Mißtrauische, Enttäuschte vergeben einen solchen Vertrauensvorschuß nicht, sondern gehen davon aus, daß eine vertrauensvolle Beziehung in einem langdauernden „Bewährungsprozeß" allmählich — wenn überhaupt — entsteht.

Krumboltz und *Potter* (1980) veröffentlichten die nachstehenden Hinweise auf vertrauensvolles Handeln:

- Selbstexplorative Äußerungen; hierunter fallen Äußerungen, die Aufschluß über die eigene Person geben und die eigene Verwundbarkeit steigern. Ein solcher Schluß liegt nahe, wenn man bedenkt, daß ein Sich-Öffnen die Gefahr bedeuten kann, daß der andere die erhaltene Information mißbraucht. Ein Mißbrauch besteht schon darin, wenn diese Informationen weitergegeben werden, ohne vorher die Zustimmung dazu eingeholt zu haben.

— Hier-und-jetzt-Äußerungen. Bei Äußerungen über die aktuelle Situation steht nicht selten der Aspekt der Ungewißheit im Vordergrund. Personen, die über die aktuelle Situation sprechen, bringen Vertrauen auf, da bei solchen Inhalten die Reaktionen des anderen nicht vorhersehbar sind.
— Bitte um Hilfe. Auch dieser Aspekt kann als Indikator für vertrauensvolles Verhalten angesehen werden, da man sich bei einer solchen Bitte auf das Wohlwollen des anderen verläßt. Oft ist schon die Formulierung einer Bitte mit dem Eingeständnis eigener Schwäche und Verwundbarkeit verbunden.
— Bitte um Feedback. Im einzelnen sind damit gemeint: Aufforderung zur Stellungnahme oder die gezielte Bitte um Rückmeldung bezüglich eigener Ansichten, Leistungen und Verhaltensweisen.

Die Pflege des Einfühlungsvermögens ist eine Voraussetzung für Vertrauen

Es kann als sicher gelten, daß der Aufbau eines Vertrauensverhältnisses durch die Pflege des Einfühlungsvermögens gefördert wird.

Beim Einfühlungsvermögen handelt es sich um die Fähigkeit, sich in die Lage eines anderen Menschen versetzen zu können. Es ist schwierig, das Vertrauen des Mitarbeiters zu gewinnen, wenn der Vorgesetzte nicht in der Lage ist, sich in die Situation des Mitarbeiters hineinzuversetzen.

Hohe Selbstbezogenheit und Konkurrenzverhalten behindern das Einfühlungsvermögen. Eine weitere wichtige Voraussetzung für den Aufbau ist die Stärkung des Selbstgefühls, des Selbstvertrauens.

Petermann (1985) schlägt ein „Drei-Phasen-Modell des Vertrauensaufbaus“ vor:

Phase 1: Herstellen einer verständnisvollen Kommunikation:

— Dem Partner Aufmerksamkeit zuwenden,
— gezieltes Zuwenden (Verstehen) durch Einfühlungsvermögen.

Grundlegend hierfür ist uneingeschränkt zuhören und Blickkontakt herstellen. Wesentlich zum Aufbau einer verständnisvollen Kommunikation ist weiterhin das „Sich-intensiv-dem-Partner-Zuwenden". Das bedeutet, Kleinigkeiten und kleine Veränderungen beim anderen registrieren und rückmelden. Diese Konzentration auf den Partner ist erforderlich, um seine Ängste, Befürchtungen, Wünsche und Forderungen sensibel wahrnehmen zu können. Erst nachdem diese vielfältigen Informationen verarbeitet sind, kann man den Partner verstehen.

Phase 2: Abbau bedrohlicher Handlungen:

— Eigenes Handeln durch eindeutige und für den Partner berechenbare Handlungszüge durchschaubar machen.
— Durch Rückmeldungen dem Partner eine Orientierung über sein Verhalten geben.

Sehr viele Handlungen — vor allem gegenüber Partnern, die sich unterlegen fühlen oder es in der Tat sind — können ohne Absicht bedrohlich wirken. Eine Bedrohung findet dann statt, wenn der Partner die Information des Gegenüber nicht oder nicht unmittelbar einordnen kann. Man verliert den Faden und die Orientierung, fühlt sich benachteiligt oder einfach nicht angesprochen. Hält dieser Mangel an Sicherheitssignalen langfristig an, wird der Partner passiv. Er wagt keine Kontaktversuche und kann deshalb keine vertrauensvolle Handlung aufbauen.

Der Desorientierung kann man dadurch entgegenwirken, daß man sich bemüht, eigenes Handeln durch eindeutige und für den Partner berechenbare Handlungszüge durchschaubar zu machen. Man muß für den Partner vorhersehbar sein, um „vertrauenswürdig" wahrgenommen zu werden.

Phase 3: Gezielter Aufbau von Vertrauen:

— Durch anspruchsvolle Aufgaben dem Partner Kompetenz übertragen.
— Wachsende Erfolge bei der Bewältigung von Anforderungen fördern das Selbstvertrauen als Vorläufer von Vertrauen.

Erst in der letzten Phase wird durch gezielt herbeigeführte Handlungen Vertrauen systematisch aufgebaut. Handlungen werden dadurch gezielt hervorgerufen, indem man den anderen bittet oder auffordert, etwas durchzuführen, oder indem man Bedingungen schafft, die aus sich heraus einen gewissen Handlungsdruck erzeugen und ein Ausweichen nicht ermöglichen. Dieser Handlungsdruck muß sich dabei auf Tätigkeiten beziehen, die mit großer Wahrscheinlichkeit erfolgreich bewältigt werden können. Solchermaßen angestrebtes Vertrauen wird dabei zunächst gleichgesetzt mit Vertrauen in die eigenen Fähigkeiten. Die Notwendigkeit eines gezielten Aufbaus von Vertrauen durch erfolgreich bewältigte Handlungen unterstellt, daß Vertrauen nicht ausschließlich „suggeriert", sondern durch erlebte Kompetenz im Handeln aufgebaut werden muß. Kompetenzen entwickeln sich nicht selbständig, der Partner benötigt dabei Unterstützung. Gerade durch das Übertragen einer Aufgabe erfährt der Partner, daß man ihm etwas zutraut. Kompetenzen übertragen bedeutet demnach, einem anderen bewältigbare und dennoch anspruchsvolle Aufgaben abzugeben. Ein Partner erlebt dann besonders nachhaltig seine Kompetenz, wenn die Aufgabe zwar zu bewältigen, aber nicht zu leicht ist und nur mit Anstrengung bearbeitet werden kann. Durch allmählich schwierigere Aufgaben und deren erfolgreiche Bewältigung steigt das Selbstvertrauen des Partners. Es ist hierbei jedoch unerläßlich, daß der Partner sich selbst die Erfolge zuschreibt und nicht äußere glückliche Bedingungen oder die Einfachheit der Aufgabe dafür verantwortlich macht. Selbstvertrauen ist eine wichtige Voraussetzung für eine vertrauensvolle Zusammenarbeit (*Petermann*, 1985).

Vertrauen stellt zwar einen Kredit im Rahmen einer zwischenmenschlichen Beziehung dar, doch kann sich dieses „Guthaben" schnell erschöpfen, wenn einige Prinzipien, die Vertrauen aufrechterhalten, nicht beachtet werden.

Echte Höflichkeit kann zur Vorstufe für Vertrauen werden

Es gibt Hilfsmittel, die Atmosphäre des Vertrauens vorzubereiten: Höflichkeit, Freundlichkeit und das „ominöse" Keep-smiling.

Höflichkeit und Freundlichkeit sind ohne Zweifel Eigenschaften, die auch ein Mensch, dem es schwer fällt, gleich von vornherein in jeden Menschen Vertrauen zu setzen, praktizieren kann.

Höflichkeit und Freundlichkeit sind das mindeste, was jeder vom anderen im mitmenschlichen Kontakt fordern kann und fordern soll. Es gibt kaum eine Situation, die nicht durch Höflichkeit — und dies bedeutet immer die Anerkennung des Menschen, auch in unserem Gegner und Feind — gemeistert werden kann.

Es ist nicht immer ganz einfach, höflich und freundlich zu sein, vor allen Dingen dann nicht, wenn dazu noch verlangt wird, daß diese Höflichkeit und Freundlichkeit aus dem Herzen zu kommen habe. Das geht ohne Zweifel oft über die Kraft eines Menschen. Er sollte sich aber erziehen, auch dann ein freundliches Gesicht zu machen, wenn ihm gar nicht danach zumute ist. Es ist dasjenige Verhalten, das gewöhnlich mit dem Begriff „Keep-smiling" bezeichnet wird.

Vermeidung von Vertrauensverlust

Das nachstehende „Drei-Phasen-Modell des Vertrauensverlustes" (*Petermann*, 1985) zeigt die Risiken bzw. das Vertrauen zerstörende Verhaltensweisen auf.

Phase 1: Zerstören einer vertrauensvollen Kommunikation:

— Zu starke Selbstdarstellung und unzureichende Beachtung der Lage und Bedürfnisse des Partners.
— Bevormundung des Partners und zu starkes Einschränken von Entscheidungsfreiräumen.

Eine zu starke Selbstbezogenheit stellt sicherlich ein Haupthindernis im Kommunikationsprozeß dar. Typische Formen „selbstbezogener" Kommunikation ergeben sich aus einer zu starken Selbstdarstellung eines Partners und der damit verbundenen unzureichenden Beachtung der Bedürfnisse des Gegenübers. Letztlich wird dadurch Einfühlungsvermögen in den anderen verhindert. In solchen Fällen reden die Partner aneinander vorbei. Dies wiederum hat oft zur Folge, daß Entscheidungen unzureichend koordiniert sind und dies von einem Partner als starke Einschränkung der eigenen Entscheidungsfähigkeit empfunden wird.

Phase 2: Wahl bedrohlicher Handlungen:

— Schwer vorhersehbares, willkürliches Verhalten dem Partner gegenüber oder auch viele oder zu wenig Ratschläge und Hinweise.

— Keine oder nur einseitige Rückmeldung führt zur Desorientierung oder Bedrohung.

Bedrohliches Verhalten in Beziehungen ist häufig unbeabsichtigt und stellt deshalb für den Betroffenen ein schwer vorhersehbares, willkürlich erscheinendes Verhalten dar. Oft wirken zu viele oder zu wenige Ratschläge oder Hinweise desorientierend auf den Partner, da er solche schwer kalkulierbaren Verhaltensweisen schwer einordnen kann. In manchen Fällen können auch Schmeicheleien als bedrohlich wahrgenommen werden und Mißtrauen verstärken. Generell kann man festhalten, daß keine Rückmeldung eine Desorientierung beim anderen auslösen und einseitige Rückmeldung bedrohlich wirken kann. Beides kann einen Verlust von Vertrauen nach sich ziehen.

Phase 3: Gezielter Vertrauensbruch:

— Zynismus und Abwertung der Kompetenz des Partners.
— Wachsende Hilflosigkeit und Passivität, die einen Zerfall des Selbstvertrauens zur Folge haben.

In vielen Studien zum Phänomen Vertrauen wird Zynismus und die Geringschätzung von Kompetenzen des Partners als Variable des Vertrauensbruches gewertet. Gerade in einer ungleichen Beziehung, z. B. zwischen Vorgesetzten und Unterstellten, dürfte sich als Folge dieses Verhaltens wachsende Hilflosigkeit und Passivität breitmachen *(Petermann)*.

3.2.6 Pflege des Verantwortungsbewußtseins

Verantwortungspflege durch Delegation

Der Vorgesetzte wird — möglichst unter Mitarbeit seines Mitarbeiters — zunächst ein Lernprogramm zur Erreichung einer selbständigen Arbeitsweise entwickeln bzw. planen. Er muß ihm in partnerschaftlicher Weise helfen, Probleme, Hindernisse, Schwierigkeiten zu überwinden. Der Vorgesetzte wird seinen Mitarbeiter — solange es erforderlich ist — beraten und nur in Notfällen unterstützend eingreifen. Hand in Hand damit wird er die Fähigkeit seines Mitarbeiters, selbständige Entscheidungen zu treffen, fördern. Dabei muß deutlich gemacht werden, daß der Mitarbeiter für seine eigenen

Entscheidungen auch einstehen muß, d. h. daß er dafür verantwortlich ist.

Verantwortungspflege durch klare Ziele

Für eine selbständige Arbeitserledigung braucht der Mitarbeiter klare Zielvorstellungen. Soweit irgendmöglich sollte der Vorgesetzte das Ziel durch quantitativ meßbare Merkmale (z. B. Abmessungen, Stückzahlen, Termine u. ä.) vorgeben bzw. mit dem Mitarbeiter vereinbaren. Dadurch wird die Bereitschaft beim Mitarbeiter gestärkt, sich mit der Aufgabe zu identifizieren, d. h. auch für die Arbeitsergebnisse einzustehen, d. h. dafür verantwortlich zu sein.

Verantwortungspflege durch Kontrolle

Einen hervorgehobenen Stellenwert bei der betrieblichen Pflege bzw. Entwicklung des Verantwortungsbewußtseins nimmt die Kontrolle ein.

Ein waches Gewissen, eine aufmerksame persönliche Kontrollinstanz ist das Ergebnis von Lernvorgängen; in diesem Punkte gibt es so gut wie keine Meinungsverschiedenheiten unter Fachleuten. So kommt in der Praxis betrieblicher Personalführung der Personalführungsfunktion Kontrolle eine besondere Bedeutung zu.

Vor der Durchführung der Kontrolle eines Mitarbeiters sollte der Vorgesetzte spezifische, individuelle Vorüberlegungen anstellen:

— Worin liegen erfahrungsgemäß die individuell bedingten Probleme des Mitarbeiters bei seiner derzeitigen Arbeitsaufgabe?
— Wo liegen die „kritischen“ Einzelaufgaben des Mitarbeiters im Hinblick auf die Gesamtaufgabe?
— Welche institutionellen Normen beachtet der Mitarbeiter nicht ausreichend (etwa: Einhaltung der Arbeitszeit, Unfallschutzvorschriften, Arbeitsanweisungen u. ä.)?
— Wie „großzügig“ setzt sich der Mitarbeiter über Weisungen des Vorgesetzten hinweg?
— Wie verbindlich wertet der Mitarbeiter gesetzte oder vereinbarte Ziele?
— Wie loyal verhält sich der Mitarbeiter dem Vorgesetzten, dem Betrieb gegenüber, wenn ein besonderes Engagement gefragt ist (etwa beim Ausfall eines Kollegen oder einer dringenden Arbeit)?

In all diesen und ähnlichen Situationen ist der Vorgesetzte gefordert, das Normbewußtsein, das Verantwortungsbewußtsein seines Mitarbeiters zu schärfen, ihn zu gewissenhaftem Handeln und Verhalten zu erziehen. Dieser Erziehungsprozeß wird nur dann gelingen, wenn der Vorgesetzte in diesen Belangen mit gutem Beispiel vorangeht, er Vorbild ist. Im Hinblick auf alle diese Probleme sind vom Vorgesetzten die Tugenden der Besonnenheit und des Starkmutes gefordert (*Schmidt*, 1986).

3.3 Entwicklung und Pflege der persönlichen Autorität des Vorgesetzten

Am Beginn eines bewußten Selbstmanagements, einer zielstrebigen Entfaltung der Vorgesetztenpersönlichkeit sollte eine Art Bestandsaufnahme, sollte die Selbstanalyse stehen, um zu persönlichen Zielsetzungen zu kommen.

Als Einführung dazu dient die nachstehend skizzierte Reflexion von *Frankl* (1973), die eine Gesamtübersicht gibt und die Einordnung der persönlichen Zielsetzungen erleichtern soll. *Frankl* weist darauf hin, daß das menschliche Leben nicht eindimensional auf der Skala Erfolg—Mißerfolg eingeordnet werden sollte. „Wollen wir davon ausgehen, daß sich der Homo sapiens aufgliedern läßt in den Homo faber, der schaffend sein Dasein erfüllt, in den Homo amans, der erlebend, begegnend und liebend sein Leben mit Sinn anreichert, und in den Homo patiens. Der Homo faber ist nun so recht, was man einen Erfolgsmenschen nennt; er kennt nur zwei Kategorien, und nur in ihnen denkt er: Erfolg und Mißerfolg. Zwischen diesen beiden Extremen bewegt sich sein Leben in der Linie einer Erfolgsethik. Anders der Homo patiens: Seine Kategorien heißen nicht Erfolg und Mißerfolg, vielmehr Erfüllung und Verzweiflung.

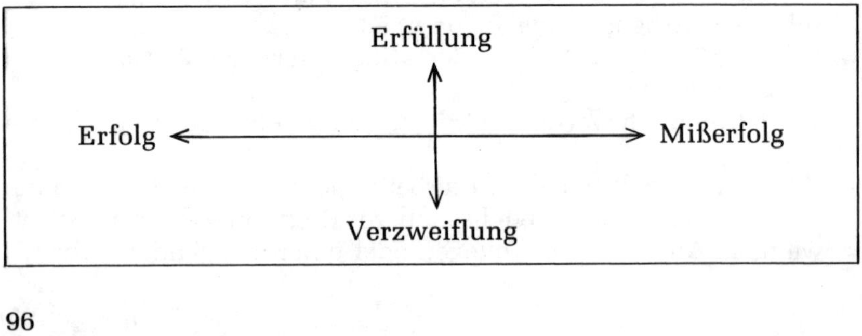

Mit diesem Kategorienpaar stellt er sich senkrecht zur Linie aller Erfolgsethik; denn Erfüllung und Verzweiflung gehören einer anderen Dimension an. Aus dieser dimensionalen Verschiedenheit ergibt sich ihre dimensionale Überlegenheit; denn siehe, der Homo patiens kann sich noch im äußeren Mißerfolg, dem Scheitern erfüllen. So hätte sich denn gezeigt, daß Erfüllung mit Mißerfolg kompatibel ist, nicht anders als Erfolg mit Verzweiflung" (*Frankl*, 1973).

Globale Zielsetzungen wie Erfolg und (Sinn-)Erfüllung bedürfen der Konkretisierung unter der besonderen Berücksichtigung der individuellen Ausgangssituation. Es ist eine Art persönlicher „Schwachstellenanalyse" durchzuführen. Je ehrlicher diese Analyse ist, desto eher läßt sich gezielt etwas bewirken.

Die nachstehenden Übersichten sollen bei der Selbstanalyse helfen. Sie geben Denkanstöße für persönliche Zielsetzungen, sollen aber auch neugierig machen und Fragen aufwerfen.

3.3.1 Analyse der Ausgangssituation — unabdingbare Voraussetzung für Planung der individuellen Entwicklung

Die Analyse der Ausgangssituation ist außerordentlich wichtig für den Erfolg der Selbstentwicklung. Ist die Istanalyse unvollständig oder falsch, so ist auch in der Regel der Erfolg unwahrscheinlich. Es wird empfohlen, sich für die Bearbeitung der nachstehenden Analyseaspekte Zeit zu nehmen, zu jeder Frage eine kleine „Gewissenserforschung" zu betreiben und alles aufzuschreiben, was zu den Fragen einfällt.

3.3.1.1 Checkliste als Anregung zur Erarbeitung persönlicher Entwicklungsziele

Analyse — Entwicklungsziele im Umgang mit sich selbst

Was will ich?

— Mich besser beherrschen
— Mehr Selbstvertrauen haben
— Planvoller arbeiten

— Mich besser kennenlernen
X Meine Minderwertigkeitsgefühle ablegen, freier sprechen

— ....

— ....

Warum will ich „das"?

— Weil ich leicht befangen bin, leicht erröte
X Weil ich zwiespältig bin und mich nicht auf ein Ziel klar festlegen will oder kann
— Weil ich mich schnell ablenken lasse und mich nicht längere Zeit auf eine Sache konzentrieren kann
— Weil ich Minderwertigkeitsgefühle habe
— Weil ich beim freien Sprechen unsicher bin

— ....

Bringt die Zielerreichung auch „schädliche" Nebenwirkungen? Ist dann das Ziel zu teuer erkauft?

— Weil diese Entwicklung möglicherweise zu Konflikten mit meinen bisherigen Normen und Werten führen könnte
— Weil ich mich vielleicht seelisch zu sehr verkrampfe
— Weil vielleicht die Bereiche des Gefühls und Gemüts zu kurz kommen
— Weil ich zuwenig Zeit zur Muße bzw. für meine Hobbys habe
— Weil ich vielleicht neue Prioritäten setzen muß, möglicherweise andere Vorhaben zeitlich verschieben oder aufgeben müßte

— ....

— ....

Kann ich mich auf meinem derzeitigen (Arbeits-)Platz entfalten oder sollte ich wechseln?

— Um durch einen Wandel des „Milieus“ den Gewinn einer Art „Milieutherapie“ zu haben, d. h.
— bislang hemmende Umweltbedingungen (Firma, Abteilung, Vorgesetzte, Kollegen) fallen weg,
— der Einfluß eines negativen Transfers (ungünstige, prägende, beeinflussende Bedingungen) schwächt sich ab,
— die Möglichkeit, in einer neuen, nicht vorbelasteten Umgebung einen neuen Anfang in der Selbsterziehung zu machen, ist gegeben

— ....

— ....

Stimmt mein Selbstbild (so wie ich mich sehe) mit dem Bild, das die anderen von mir haben, überein?

— Sehe ich mich realistisch, oder lasse ich mich von meinem Wunschdenken leiten?
— Bin ich mit mir unzufrieden, möchte ich ein anderer sein?
— Neige ich dazu, den anderen etwas „vorzuspielen“, was ich nicht bin, nicht sein kann?
— Strebe ich bestimmten Vorbildern so sehr nach, daß ich Schwierigkeiten habe, ich selbst zu sein?

— ....

— ....

Habe ich Stehvermögen, bin ich belastbar?

— Lasse ich mich schnell von einem gefaßten Entschluß abbringen?
— Werde ich in Streßsituationen schneller als die meisten meiner Kollegen „nervös“?

— Belasten mich offengebliebene Fragen, nicht planmäßig zu Ende geführte Projekte über das „übliche“ Maß hinaus?
— Erröte ich leicht, bekomme ich schnell „feuchte“ Hände, schlafe ich nach einer Aufregung während des Tages abends schlecht ein?

— ....

— ....

Was fehlt mir?

— Eine objektive Einschätzung bzw. Beurteilung meiner Fähigkeiten, meiner Intelligenz, meiner Leistungsfähigkeit
— Eine zuverlässige Beschreibung meiner Stärken und Schwächen
— Mehr Selbstvertrauen
— Eine verläßliche Einschätzung der Realitäten, z. B. der Schwierigkeiten, Anforderungen meiner Arbeit (möglicherweise neige ich dazu, sie zu über- oder unterschätzen)

— ....

— ....

Wer könnte mir helfen? Was brauche ich am dringendsten?

— Einen Plan zur Entwicklung berufsrelevanter Einstellungen
— Eine verläßliche Abschätzung meiner gesundheitlichen Belastbarkeit
— Ein Lernprogramm, um mich zum Beispiel besser beherrschen zu können — oder Neinsagen zu lernen oder . . .
— Eine psychologische Beratung, um mit meinen Problemen effektiver fertig werden zu können

— ....

— ....

Warum komme ich nicht weiter?

— Weil ich letztlich nicht klar weiß, was ich will
— Weil ich nicht weiß, wie ich es anfangen soll, welcher Weg am ehesten zum Ziel führt
— Weil ich mich leicht ablenken lasse, z. B. durch ungelöste andere Fragen, Probleme
— Weil meine Zielvorstellungen letztlich für mich unrealistisch sind, weil ich sie mir zu hoch gesteckt habe („Riesenansprüche", die ein Nichterreichen vorprogrammiert haben)

— ....

— ....

Wie sähe die Ideallösung für mich aus?

— Wenn ich ein innerlich harmonischer Mensch sein könnte
— Wenn ich die meisten meiner Anlagen voll entwickelt hätte
— Wenn ich es geschafft hätte, mich selbst zu verwirklichen
— Wenn ich meinem Idealbild, Leitbild entscheidend näher gekommen wäre
— Wenn ich die Position eines Vorgesetzten erreicht hätte
— Wenn ich in beruflich gesicherten Verhältnissen leben würde
— Wenn ich von meinen Arbeitskollegen(innen) voll anerkannt wäre

— ....

— ....

Analyse — Entwicklungsziele im Umgang mit den anderen

Was will ich eigentlich?

— Partnerschaften, Freundschaften
X Mich trauen, nein zu sagen
— Unabhängiger sein
— Mehr Überzeugungskraft haben
— Kein Außenseiter oder Sündenbock sein
— Daß sich andere um mich bemühen — und nicht umgekehrt
— In die Gruppe, Gemeinschaft integriert und geachtet zu sein
— Von den anderen Liebe, Achtung, Zuneigung erfahren

— ....

— ....

Warum will ich das eigentlich?

— Weil ich einsam bin, schwer Kontakt finde
— Weil andere mich leicht ausnützen können
X Weil ich zu „weich" bin
— Weil mich die anderen wenig beachten, mich „links" liegen lassen
— Weil ich mich oft gegen die von anderen mir angetragene „Sündenbockrolle" nicht wehren kann

— ....

— ....

Bringt die Zielerreichung auch „schädliche" Nebenwirkungen, ist dann das Ziel zu teuer erkauft?

— Weil ich mich zu sehr anpassen muß, meine Eigenständigkeit in Frage gestellt wird

— Weil ich mich dann von meinen bisherigen Kollegen und Freunden wegentwickeln würde, von diesen als nicht mehr zu ihnen gehörig eingestuft würde
— Weil vielleicht die „Familie" (Eltern, Ehepartner, Geschwister, Freunde, Kinder) zu kurz kommt
— Weil sich vielleicht Rollenkonflikte für mich in einer neuen Position im Betrieb ergeben könnten

— ....

— ....

Kann ich mich an meinem derzeitigen Arbeitsplatz entfalten, oder sollte ich wechseln?

— Um dem hemmenden Einfluß der Abhängigkeit von meinen bisherigen Arbeitskollegen, Freunden, Bekannten zu entgehen
— Um leichter einen Rollenwechsel realisieren zu können, z. B. die Rolle des „Kritikers", Besserwissers, Außenseiters loswerden zu können
— Um die Möglichkeit zum Aufbau neuer menschlicher Beziehungen zu haben
— Um dem hemmenden Einfluß eines bestimmten, ansonsten nicht zu umgehenden Vorgesetzten auszuweichen

— ....

— ....

Stimmt mein Selbstbild (so wie ich mich sehe) mit dem Bild, das andere von mir haben, überein?

— Bin ich überrascht, wenn andere mich anders einschätzen, als ich mich selbst sehe
— Erwarten die anderen mehr (oder weniger), als ich zu leisten imstande bin
— Lasse ich mir bestimmte Rollen, die ich innerlich ablehne, aufdrängen, etwa die Rolle des „Gutmütigen" oder „Egoisten"
— Fördere ich unbewußt diese Fehleinschätzungen, weil ich glaube, mich anders geben zu müssen, als ich bin

— Lehne ich jede Art von „Außensteuerung“ rigoros ab, möchte ich unbedingter Individualist sein, reagiere ich „übersensibel“ auf alle „Ratschläge“
— Neige ich dazu, gerade das Gegenteil dessen zu tun, was andere mir raten — auch wenn ich dadurch möglicherweise sogar Nachteile habe

— ....

— ....

Habe ich Stehvermögen, bin ich belastbar?

— Gehe ich Auseinandersetzungen in der Regel aus dem Wege
— Kann ich nein sagen oder
— Sage ich grundsätzlich immer erst mal nein
— Bin ich nach etwas längeren Besprechungen, Sitzungen so „mürbe“, abgespannt, daß ich dann dazu neige, meine Position aufzugeben, weil ich nicht mehr länger Widerstand leisten kann

— ....

— ....

Was fehlt mir?

— Ein Mensch, mit dem ich mich aussprechen kann, zu dem ich Vertrauen habe
— Die Fähigkeit, die anderen richtig einzuschätzen
— Die Fähigkeit, den anderen in meinem Sinne zu beeinflussen
— Die Fähigkeit, den Kontakt mit den anderen über einen längeren Zeitraum aufrechtzuerhalten (z. B. weil mir kein Gesprächsstoff einfällt, bei dem ich ihm nicht imponieren kann oder bei dem ich eine Verstimmung beim anderen befürchte)

— ....

— ....

Wer könnte mir helfen, was brauchte ich am dringendsten?

— Einen Menschen, der neutral über den Dingen steht und mir hilft, meine Gedanken zu ordnen
— Welche Kontakte wären für mich am wichtigsten, wie könnte ich diese knüpfen
— Ein offenes Gespräch mit meinem Vorgesetzten über meine Entwicklungsmöglichkeiten am Arbeitsplatz
— Ein klärendes Gespräch mit meinem(r) Partner(in), Eltern, Freunden über deren Bereitschaft, mich (verständnisvoll) zu unterstützen bzw. den notwendigen zeitlichen Freiraum zu gewähren

— ....

— ....

Warum komme ich nicht weiter?

— Weil ich die „falschen Freunde" gewählt habe und aus dem ungünstigen „Milieu" nicht rausgekommen bin
— Weil meine Ziele (in diesem Betrieb) von zu vielen Konkurrenten, Rivalen, Mitbewerbern geteilt werden
— Weil mir Neider Schwierigkeiten machen
— Weil ich die anderen zu frühzeitig über meine Pläne informiert habe, weil meine Pläne von den anderen als Beeinträchtigung ihrer Interessen erlebt werden

— ....

— ....

Wie sähe die Ideallösung aus?

— Wenn ich mich möglichst allen Mitmenschen, Arbeitskollegen in Frieden leben könnte, zumindest mit den für mich wichtigen
— Wenn ich möglichst von allen Arbeitskollegen(innen) geachtet, respektiert würde
— Wenn die Vorgesetzten mich achten, schätzen, mir Entwicklungsmöglichkeiten offerieren würden

— Wenn ich von anderen um vertrauensvollen Rat gebeten würde, von anderen anerkannt und geschätzt würde

— ....

— ....

Analyse — Entwicklungsziele im Umgang mit dem Erfolg

Was will ich eigentlich?

— Mich besser „verkaufen" können
— Eine ganz bestimmte Position, Stellung, Aufgabe
— Eine Gehaltserhöhung, gehaltliche Höherstufung
— Eine bestimmte Ausbildung, Fort- bzw. Weiterbildung, bestimmte Kurse oder Seminare, die mich voranbringen
— Die Versetzung in eine andere Abteilung mit besseren Entwicklungsmöglichkeiten

— ....

— ....

Warum will ich das eigentlich?

— Weil die anderen, mit denen ich mich vergleiche, schon erfolgreicher sind
— Weil ich mich bislang nicht genügend durchsetzen konnte, nicht auf mich aufmerksam machen konnte
— Weil ich mich durch erste Mißerfolge leicht entmutigen lasse
— Weil ich mich kaum wehren kann

— ....

— ....

Bringt die Zielerreichung auch „schädliche“ Nebenwirkungen, ist dann das Ziel zu teuer erkauft?

— Weil der Erfolg möglicherweise neue, andere Risiken, Probleme mit sich bringt
— Weil ich mich für diese Karriere gesundheitlich überfordern müßte
— Weil ich mich bis an die Grenzen meiner Möglichkeiten — und darüber hinaus — verausgaben müßte („Peterprinzip“)
— Weil ich vielleicht viele „Neider“, die mir Knüppel in den Weg werfen können, auf den Plan rufe

— ....

— ....

Kann ich mich auf meinem bisherigen Platz entfalten oder sollte ich wechseln?

— Wechseln, um nicht von „Hypotheken“ aus meiner bisherigen Tätigkeit verfolgt zu werden
— Wechseln, um mich aus einer betrieblichen Planstelle lösen zu können, die mich sonst wie ein „Klotz am Bein“ hindern würde
— Wechseln, um aus eingefahrenen Gleisen zu kommen (z. B. „Betriebsblindheit“)
— Wechseln, um an neue Aufgaben heranzukommen, die die bisherige Position oder der derzeitige Betrieb nicht bieten kann
— Im Betrieb bleiben, weil ich hier die „Spielregeln“ bereits kenne
— Bleiben, weil ich hier keine Zeit verliere, um mich einzuarbeiten
— Bleiben, weil ich hier Leute kenne, die mir behilflich sein können, wenn ich Probleme bekomme
— Bleiben, weil ich ansonsten erarbeitete Vorteile (z. B. Anwartschaften auf die betriebliche Altersvorsorge) verlustig gehe

— ....

— ....

Stimmt mein Selbstbild (so wie ich mich sehe) mit dem Bild, das die anderen von mir haben, überein?

— Werde ich von meinem Vorgesetzten „gerecht" beurteilt, bzw. kann ich sein Bild von mir bestätigen
— Nehme ich Kritik an meiner Arbeit immer gleich persönlich
— Fühle ich mich häufig ungerecht behandelt
— Erwarten die anderen mehr (oder weniger), als ich zu leisten imstande bin

— ....

— ....

Habe ich Stehvermögen, bin ich belastbar?

— Kann ich in Streßsituationen noch zusetzen (Vitalität, Kraft)
— Habe ich genug „Nerven", um äußerlich ruhig in schwierige Verhandlungen, Gespräche, Konferenzen zu gehen
— Bin ich in „kritischen" Situationen gehemmt, blockiert
— Gebe ich zu schnell auf, wenn sich der Erfolg nicht alsbald einstellt

— ....

— ....

Was fehlt mir?

— Die Fähigkeit, von Anfang an Entschiedenheit zu zeigen
— Eine Strategie, ein Taktik, die zum Erfolg führt
— Die Fähigkeit, schnell zu reagieren
— Die Fähigkeit, auf mich aufmerksam zu machen

— ....

— ....

Was könnte mir helfen, was bräuchte ich am dringendsten?

— Eine Beratung hinsichtlich der zukunftsträchtigsten Entwicklungsmöglichkeiten für mich
— Wie könnte ich das Erreichte sichern, konsolidieren
— Welche Arbeitsmittel, welche Hilfsmittel fehlen mir
— Welche Kurse, welche Seminare sollte ich besuchen, welche Bücher lesen

— ....

— ....

Warum komme ich nicht weiter?

— Weil ich mich übernommen, überschätzt habe
— Weil ich die Situation nicht realistisch genug eingeschätzt habe
— Weil ich zu wenig flexibel in der Methode und zu wenig stetig in der Sache bzw. Zielsetzung bin
— Weil ich nahezu blindlings vorwärtszukommen trachte, ohne zwischendurch nüchtern Bilanz zu ziehen und die nächsten Schritte zu planen

— ....

— ....

Wie sähe die Ideallösung aus?

— Wenn ich für meine Familie ein angemessenes Zuhause geschaffen hätte
— Wenn ich eine geachtete berufliche Position erreicht hätte
— Wenn ich mir einen lang gehegten (Kindheits-)Traum verwirklicht hätte
— Wenn ich eine sinnvolle Erfüllung durch meine berufliche Tätigkeit erfahren könnte

— ....

— ....

3.3.1.2 Checkliste zur Entwicklung einer von den Komponenten der persönlichen Autorität geprägten Vorgesetztenpersönlichkeit

---

Was will ich als Vorgesetzter?

- Von meinen Mitarbeitern akzeptiert zu werden
- In schwierigen, konfliktgeladenen Situationen „stehenzubleiben", ohne aggressiv, verletzend zu werden oder „aus dem Felde zu gehen", d. h. mich zurückzuziehen
- Frei zu werden für sachliche Entscheidungen und nicht immer „Rücksicht" nehmen zu müssen auf andere, etwa auf Vorgesetzte und Mitarbeiter, z. B. um deren Wohlwollen nicht zu verlieren
- Mehr Gestaltungsfreiräume zu haben, um auf dem Wege, der meiner Persönlichkeit entspricht, die betrieblichen Ziele erreichen zu können
- Von meinen Mitarbeitern geachtet zu werden
- Gerecht zu sein, frei zu sein, um zu einem fairen Ausgleich zu kommen zwischen persönlichen Interessen und den berechtigten Erwartungen des Betriebes und denen der Mitarbeiter

- ....

- ....

Warum will ich das eigentlich?

- Weil ich mich durch die Übernahme von Verantwortung als Mensch weiterentwickeln kann
- Weil es mich befriedigt, etwas zu bewirken, Einfluß auf andere Menschen auszuüben
- Weil ich es nicht ungern sehe, wenn andere Menschen mich respektieren, mich achten, sich mir anvertrauen, zu mir aufschauen
- Weil ich gerne im Mittelpunkt des Geschehens stehe
- Weil ich mich beweisen will, weil andere (früher) mir so etwas nicht zugetraut hätten

— Weil ich es ihnen „zeigen will“, daß ich so etwas — diese Vorgesetztenposition — erreiche bzw. erreicht habe
— Weil ich in unserer Zeit der Meinung bin, daß ich mich der verantwortungsvollen Aufgabe des Vorgesetzten nicht entziehen darf, weil ich als Vorgesetzter Gestaltungs- und Einwirkungsmöglichkeiten habe
— Weil ich in dieser Position als Vorgesetzter mehr verdiene
— Weil ich in einer Vorgesetztenposition am ehesten wirkungsvoll den Kantschen Imperativ „Handle so, daß die Maxime deines Willens jederzeit zugleich als Prinzip einer allgemeinen Gesetzgebung gelten kann“ verwirklichen kann

— ....

— ....

Bringt diese Zielsetzung auch „schädliche“ Nebenwirkungen? Ist dann das Ziel zu teuer erkauft?

— Weil ich dadurch vielleicht meine Familie vernachlässige, mich anderen sozialen, wichtigen Pflichten entziehe
— Weil ich mich überfordere, für die Dauer aus dieser Überforderung heraus mürrisch, ungut reagiere, mich gehetzt fühle
— Weil ich mich wesentlichen Möglichkeiten der Lebensgestaltung durch die Vorgesetztentätigkeit verschließe
— Weil es mir schwerfällt, dem wirtschaftlich-ertragsorientierten Denken des Vorgesetzten einen hohen Stellenwert einzuräumen
— Weil ich der gesellschaftlichen Kritik bestimmter aktiver Gruppen am „kapitalistischen System“ nicht standhalten kann
— Weil ich im Grunde ein „gefühlsbestimmter, weicher“ Mensch bin und es mir schwerfällt, „Forderungen an andere“ zu stellen und durchzusetzen

— ....

— ....

Stimmt mein Selbstbild (so wie ich mich sehe) mit dem Bild, das die Mitarbeiter von mir haben, überein?

— Bin ich von mir selbst so überzeugt, daß es keiner meiner Mitarbeiter wagt, an meinem Verhalten, meinen Entscheidungen konstruktive Kritik zu üben
— Bin ich selbstkritisch genug, darüber nachzudenken, wie mein Verhalten, meine Entscheidungen auf andere wirken
— Halten mich meine Mitarbeiter für autoritär oder für zu nachgiebig oder für unentschlossen (wenn ich darüber nichts höre, sollte ich nachdenklich werden)

— ....

— ....

Habe ich Stehvermögen, bin ich belastbar?

— Trete ich für das ein, was ich als richtig erkannt habe
— Trete ich für die Interessen des Unternehmens und die Interessen meiner Mitarbeiter gleichermaßen ein
— Schiebe ich Entscheidungen auf die „lange Bank"
— Neige ich dazu, zu hoffen, daß sich unangenehme Angelegenheiten von selbst erledigen
— Habe ich — wenn ich die Erwartungen des Betriebes, des Vorgesetzten als unrealistisch einschätze — die Zivilcourage, sachlich darüber zu reden
— Gehe ich unangenehmen Gesprächen mit meinen Mitarbeitern aus dem Wege
— Gehe ich in Krisensituationen auf „Tauchstation"
— Stehe ich Mitarbeitern und Vorgesetzten, die sich in Schwierigkeiten befinden, bei

— ....

— ....

Woran orientiere ich meine Entscheidungen, mein Verhalten?

— An der Auffassung meines Vorgesetzten
— An der überwiegenden Meinung meiner Mitarbeiter
— An der gründlichen Analyse des Istzustandes
— An den mit meinen Mitarbeitern getroffenen Zielvereinbarungen
— An dem Ergebnis einer Besprechung mit meinen Mitarbeitern
— Was gibt bei mir häufig schlußendlich den Ausschlag
— Inwieweit lasse ich mich von der Angst, von Befürchtungen vor persönlichem Prestigeverlust leiten

— ....

— ....

Kann man mich aufgrund meines Verhaltens, meiner Entscheidungen als gerecht bezeichnen? Will ich gerecht sein?

— Ist für mich Gerechtigkeit kein Thema
— Habe ich mir schon einmal ernsthaft die Frage vorgelegt, was es heißt, gerecht zu sein
— „Was bringt" Gerechtigkeit
— Ist Gerechtigkeit nur eine „Idee", oder hat sie mit der Realität zu tun
— Erwarten die Mitarbeiter von mir als ihrem Vorgesetzten Gerechtigkeit
— Wie entspreche ich den Erwartungen der Mitarbeiter nach Gerechtigkeit
— Wann, wie und wo kann bzw. muß ich gerecht sein

— ....

— ....

Vertrauen mir meine Mitarbeiter?

— Kommen die Mitarbeiter zu mir, wenn sie Probleme haben
— Mit welchen Problemen werde ich von meinen Mitarbeitern bzw. Vorgesetzten konfrontiert, bei welchen werde ich nicht konsultiert (weil ich vielleicht nicht „kompetent" bin)
— Warum haben die Mitarbeiter zu wenig Vertrauen zu mir
— Hat Vertrauen etwas zu tun mit Akzeptanz bei Mitarbeitern und Vorgesetzten
— Welchen Einfluß hat das Vertrauen der Mitarbeiter auf die Autorität, das Ansehen des Vorgesetzten

— ....

— ....

Was fehlt mir? Wer oder was könnte mir helfen? Was bräuchte ich am dringendsten?

— Eine klare Zielsetzung, an der ich mein Verhalten ausrichte
— Kleine, erreichbare Teilziele auf meinem Weg zu den „großen" Zielen
— Eine methodische Hilfestellung, einen „Wegweiser", wie ich zu den Zielen kommen kann
— Objektive Informationen über meine Fähigkeiten bzw. den Entwicklungsstand meiner Persönlichkeit
— Mehr Objektivität, mehr Gerechtigkeit, mehr Stehvermögen, mehr Besonnenheit, mehr Selbstvertrauen, mehr Vertrauen meiner Mitarbeiter und Vorgesetzten usw.
— Eine Führungskonzeption
— Zeitgemäße Managementtechniken
— Führungsmittel, Anregungen, wie ich richtig kontrollieren, anerkennen, kritisieren, entscheiden, beurteilen, beraten soll

— ....

— ....

Warum komme ich nicht weiter?

— Weil ich nicht genau weiß, was ich will
— Weil ich zu viele private Sorgen, Probleme habe
— Weil ich in der „falschen" Firma nicht den „richtigen" Vorgesetzten habe
— Weil ich in der derzeitigen Position nicht richtig (von meiner Eignung her) eingesetzt bin
— Weil ich mich zu sehr „verzettele", mich ablenken lasse, zu viel gleichzeitig mache, ohne Prioritäten zu setzen

— ....

— ....

Als Ergebnis dieser Analyse der Ausgangssituation könnten sich beispielsweise zwei individuelle Entwicklungsziele herausgestellt haben:

— Die Überwindung des Minderwertigkeitsgefühls
— Die Verbesserung der zwischenmenschlichen Beziehungen

3.3.2 Zielbewußte Weiterentwicklung der Persönlichkeit

Der zielbewußten Weiterentwicklung der eigenen Persönlichkeit stellen sich nicht selten beachtliche Widerstände entgegen. Das hat beispielsweise auch *Goethe* erfahren, der über seine persönlichen Erfahrungen und Strategien in „Dichtung und Wahrheit" Zeugnis ablegt: „. . . so hatte ich innerlich und äußerlich mit ganz anderen Verhältnissen und Gegnern zu kämpfen, indem ich mit mir selbst, mit den Gegenständen, ja mit den Elementen im Streit lag. Ich befand mich in einem Gesundheitszustand, der mich bei allem, was ich unternehmen wollte und sollte, hinreichend förderte; nur war mir noch eine gewisse Reizbarkeit übriggeblieben, die mich nicht immer im Gleichgewicht ließ. Ein starker Schall war mir zuwider, krankhafte Gegenstände erregten mir Ekel und Abscheu. Besonders ängstigte mich ein Schwindel, der mich jedesmal befiel, wenn ich von einer Höhe herunterblickte. Allen diesen Mängeln suchte ich abzuhelfen, und zwar, weil ich keine Zeit verlieren wollte, auf eine etwas heftige Weise.

Abends beim Zapfenstreich ging ich neben der Menge Trommeln her, deren gewaltsame Wirbel und Schläge das Herz im Busen hätten zersprengen mögen. Ich erstieg ganz allein den höchsten Gipfel des Münsterturmes und saß im sogenannten Hals, unter dem Kopf oder der Krone, wie man's nennt, wohl eine Viertelstunde lang, bis ich es wagte, wieder hinaus in die freie Luft zu treten, wo man auf einer Platte, die kaum eine Elle im Gevierte haben wird, ohne sich sonderlich anhalten zu können, stehend das unendliche Land vor sich sieht, indessen die nächsten Umgebungen und Zierrathen, die Kirche und alles, worauf und worüber man steht, verbergen. Es ist völlig, als wenn man sich auf einer Montgolfiere in die Luft erhoben sähe.

Dergleichen Angst und Qual wiederholte ich so oft, bis der Eindruck mir ganz gleichgültig war und ich nachher bei Bergreisen und geologischen Studien, bei großen Bauten, wo ich mit den Zimmerleuten um die Wette über die freiliegenden Balken und über die Gesimse des Gebäudes herlief, ja, in Rom, wo man eben dergleichen Wagstücke ausüben muß, um bedeutende Kunstwerke näher zu sehen, von jenen Vorübungen großen Vorteil gezogen.

Die Anatomie war mir auch deshalb doppelt wert, weil sie mich den widerwärtigsten Anblick ertragen lehrte, indem sie meine Wißbegierde befriedigte. Und so besuchte ich auch das Klinikum des älteren Doktor Ehrmann sowie die Lektionen der Entbindungskunst seines Sohnes, in der doppelten Absicht, alle Zustände kennenzulernen und mich von allen Apprehensionen gegen widerwärtige Dinge zu befreien. Ich habe es darin auch wirklich so weit gebracht, daß nichts dergleichen mich jemals aus der Fassung setzen könnte. Aber nicht allein gegen diese sinnlichen Eindrücke, sondern auch gegen die Anfechtungen der Einbildungskraft suchte ich mich zu stählen. Die ahnungs- und schauervollen Eindrücke der Finsternis, der Kirchhöfe, einsamer Orte, nächtlicher Kirchen und Kapellen, und was hiermit verwandt sein mag, wußte ich mich ebenfalls gleichgültig zu machen; auch darin brachte ich es so weit, daß mir Tag und Nacht und jedes Lokal völlig gleich war, ja daß, als in später Zeit mir die Lust ankam, wieder einmal in solcher Umgebung den angenehmen Schauer der Jugend zu fühlen, ich diese in mir kaum durch die seltsamsten und fürchterlichsten Bilder, die ich hervorrief, wieder einigermaßen erzwingen konnte."

Goethe spricht in „Dichtung und Wahrheit" von seinen „Ängsten", heute spricht man oft in diesem Zusammenhange von „Problemen", etwa mit impulsiven, aggressiven Kollegen oder entscheidungsschwachen oder autoritären Vorgesetzten. *Goethe* setzte sich mit seinen Ängsten und Problemen auseinander und, weil er „keine Zeit verlieren wollte, auf eine etwas heftige Weise". Aktiv versuchte er seine „Mängel", seine „Ängste" zu bekämpfen. Nicht jeder von uns wird zu solchen Radikalkuren neigen, wie sie *Goethe* beschrieben hat. Aber keiner wird ohne Eigeninitiative, ohne persönlichen Einsatz, ohne eigenen Willen zum Ziel kommen. Eine gewisse Härte gegen sich selbst, gepaart mit Ausdauer und Zähigkeit, ist notwendig.

Bei der Bekämpfung von Ängsten, Problemen und persönlichen Mängeln kann sich die Methode der Verhaltenstherapie als recht nützlich erweisen. Ihr Grundgedanke ist im wesentlichen eine Art „Salamitaktik", d. h. das Gesamtproblem wird in Teilprobleme zerlegt und dann in eine hierarchische Ordnung gebracht. So wird z. B. bei angstbesetzten Situationen eine Art Angsthierarchie aufgestellt; diese kann z. B. mit der Situation, die die stärksten Angstgefühle auslöst, beginnen und endet mit einer Situation, die kaum noch als ängstlich empfunden wird.

Graessner (1979) veröffentlichte ein Beispiel eines Studenten mit Prüfungsangst; die Angsthierarchie sah folgendermaßen aus:

Prozent Prüfungsangst	
100	Lesen einer Prüfungsaufgabe und Nicht-Verstehen der Aufgabe
90	Betreten des Prüfungsraumes
85	Warten vor dem Prüfungsraum
80	Begrüßung von Kommilitonen, die auch die Klausur mitschreiben
75	Betreten des Hochschulgeländes, in dem die Klausur geschrieben wird

70	Sichtkontakt mit dem Gebäude, in dem die Klausur geschrieben wird
60	Sichtkontakt mit anderen Hochschulgebäuden
50	Auf dem Weg vom Bahnhof zur Hochschule
40	Sichtkontakt mit den ersten Häusern der Hochschulstadt
35	Fahrt mit dem Zug zur Hochschulstadt
30	Auf dem Weg zum Bahnhof
20	Am Morgen des Prüfungstages beim Frühstück
15	Am Morgen des Prüfungstages beim Erwachen
5	Am Abend vor dem Prüfungstag

Schrittweise wird vom „leichten" zum „schwierigen" das angstfreie Verhalten erlernt, d. h. jede Stufe wird mehrmals durchlebt, bis die mit dieser jeweiligen Stufe vorhandene Angst abgebaut worden ist. Ist ein Teilfortschritt erreicht, sollte sich der Lernende eine „Belohnung" genehmigen. Es ist durchaus statthaft, sogar theoriekonform, wenn der Lernende sich selbst „Vergünstigungen" in Aussicht stellt, wenn er den entsprechenden Lernfortschritt erreicht hat, z. B. wenn er als „Gutmütiger" bewußt nein gesagt hat, wenn ihn sein Kollege wieder einmal ausnutzen wollte.

Bei dieser Vorgehensweise — eine unangenehme Situation aushalten und sich eine Belohnung gewähren — spricht der Fachmann von der Methode der systematischen „Desensibilisierung" und „Verstärkung".

Unter Desensibilisierung wird der schrittweise Abbau von unangenehmen Gefühlen, Ängsten, Vorbehalten, Hemmungen, Abneigungen u. ä. verstanden. Bei der systematischen Desensibilisierung nähert man sich allmählich dem „gefürchteten" Reiz oder Anlaß in der Vorstellung. Zunächst sollte man also versuchen — in kleinen, wohldosierten Schritten —, in der Vorstellung, dann in der Realität diese „unangenehme" Situation auszuhalten und sich in dieser Situation entspannen lernen. Den nächsten Schritt darf man erst tun, wenn man die vorhergehende „Lektion" gelernt, d. h. die vorhergehende Situation, ohne verkrampft zu sein, ausgehalten hat. Das erfordert die vorgängige Aufstellung einer Rangreihe der gefürchteten Ereignisse, wie *Graessner* dies am Beispiel der Prüfungsangst exemplarisch beschrieben hat.

3.3.2.1 Weiterentwicklung der Persönlichkeit am Beispiel der Überwindung von Minderwertigkeitsgefühlen

Ein weitverbreitetes Hemmnis der Weiterentwicklung der Persönlichkeit sind Minderwertigkeitsgefühle. Die nachstehende Vorgehensweise lehnt sich an *Adlers* individual-psychologischen Ansatz an.

Vielleicht hat der Vater zu Ihnen gesagt, daß aus Ihnen nichts „Gescheites" wird. Oder Sie konnten von Ihren Vorgesetzten hören: Diese Arbeit kann ich Ihnen nicht geben, obwohl Sie von der Ausbildung her „eigentlich" in Frage kämen. Oder Ihr 14jähriger Sohn beklagt sich bei seinen Schulkameraden: Meinen Vater kann ich da fragen, der war ja nur auf der Volksschule. Oder Ihre Frau bemerkt zu Ihrer Schwiegermutter: Er glaubte, er könne es und zeigte auch guten Willen, aber ich mußte dann doch den Nachbarn bitten, die Sache in Ordnung zu bringen.

Wenn Sie davon überzeugt sind, daß gerade Sie keinen Erfolg haben, daß ausgerechnet bei Ihnen alles schiefgeht, daß Sie mehr als andere unter hemmenden und schädlichen Einflüssen zu leiden haben — wenn Sie vor allem die Ursache für die Fehlschläge keineswegs bei sich selbst, sondern woanders vermuten, wenn Sie sich in die Reihe der Pechvögel, der Unglücksraben einreihen, wenn Sie ängstlich, schüchtern oder sprechgehemmt sind —, weist das alles auf eine Einstellung zu sich selbst hin, die als Minderwertigkeitsgefühl oder „Minderwertigkeitskomplex" bezeichnet wird. Unter einem Minderwertigkeitsgefühl versteht man die Empfindung, das Gefühl der eigenen Schwäche, der eigenen Unzulänglichkeit.

Minderwertigkeitskomplexe entstehen, wenn Minderwertigkeitsgefühle überwertig werden, wenn diese ins Unterbewußtsein verdrängt werden.

Man hat lange geglaubt, daß Minderwertigkeitsgefühle aufgrund organischer Minderwertigkeit wie z. B. Schwerhörigkeit, Sprechfehler, Körperdefekte wie Einarmigkeit, Buckel o. ä. oder ganz einfach kleiner Körpergröße entstehen. Inzwischen weiß man, daß Organminderwertigkeit — wie z. B. kleine Körpergröße — der Keim zu forcierter Selbstbehauptung, gesteigerter Aktivität sein kann. Mehr oder weniger zwangsläufig auftretende Insuffizienzgefühle in kritischen Phasen der Entwicklung, etwa der Pubertät, sind meistens nur vorübergehender Natur. Demütigende Erlebnisse in der Jugend — wenn sie nicht massiert aufgetreten sind — führen in der Regel nur bei sehr sensiblen, zartfühlenden Menschen zu einem Minderwertigkeitsgefühl oder -komplex. Minderwertigkeitsgefühle und in deren Folge Minderwertigkeitskomplexe werden vor allem durch eine verwöhnende Erziehung grundgelegt. *Zeddies* charakterisierte bereits 1941 diese Erziehung mit Zitaten von Eltern wie „Das kannst du nicht allein! — Nimm dich vor Zug in acht! — Die anderen gehen dich gar nichts an! — Kümmere dich nicht um andere! — Die Hauptsache ist, daß du Klassenerster bleibst!"

Wenn Eltern ihren Kindern jede Sorge abnehmen, jeden Gefallen tun, ihnen immer nachgeben, sie sozusagen „überbehüten", erweisen sie ihren Kindern einen schlechten Dienst. Die Verwöhnung, die Überbehütung der Kinder beruhen meist auf einer falsch verstandenen elterlichen Verantwortung, die nicht selten purer Egoismus der Eltern ist und auf der irrigen Ansicht beruht, daß das Kind allein zu ihrer Gesellschaft und Freude da sei. Beim verwöhnten Kind steht das eigene Ich im Mittelpunkt des Fühlens, Denkens und Handelns. Eine egozentrische Einstellung versperrt den Weg zur Selbständigkeit, weil das verwöhnte Kind auf die Hilfeleistungen nicht verzichten zu können glaubt.

Mit der Unselbständigkeit ist häufig Passivität vergesellschaftet. Das Kind, das keine Gelegenheit zur Entfaltung der eigenen Kräfte hatte, versucht dann später, den harten Realitäten auszuweichen, sich ihnen nicht zu stellen.

Mit der Passivität ist das Gefühl der Unsicherheit, des Unvermögens gekoppelt; man sieht überall Gefahren, denen man sich nicht gewachsen fühlt.

Neben der verwöhnenden ist auch die lieblose Erziehung zu nennen, die dem Kinde weder Sicherheit noch Vertrauen vermittelt. Wenn das Kind sich verlassen, einsam, überflüssig, störend empfindet, können schwerwiegende seelische Entwicklungsstörungen wie der Minderwertigkeitskomplex die Folge sein. Diese „Stiefkinder" werden nicht selten genauso egozentrisch wie die verwöhnten. Gemeinsam ist beiden die Tendenz zu Angstzuständen. Das Gefühl, dem Leben und seinen Aufgaben nicht gewachsen zu sein, führt dazu, selbst vor einfachen Anforderungen zu kapitulieren. Die Angst zieht wiederum den Mißerfolg an.

Der unsichere, ängstliche Mensch will sich gegen drohende Niederlagen absichern und sucht sein Minderwertigkeitsgefühl zu überdecken bzw. zu verdrängen. Das gelingt ihm meistens nicht, da die fehlende Selbstsicherheit für die Dauer sich kaum verheimlichen läßt. Das Minderwertigkeitsgefühl zeigt sich — zum Leidwesen der Betroffenen — meist zum ungünstigsten Zeitpunkt, bei Aufgaben, Situationen, die Selbstsicherheit und Zuversicht in hohem Maße verlangen würden. Da hilft dann auch das zur Schau getragene, übertriebene, unechte Geltungs- und Imponiergehabe nur selten weiter.

Ein ausgeprägtes Minderwertigkeitsgefühl ist für den Betroffenen eine seelische Last, die mannigfache Einengung mit sich bringt, u. a. auch den beruflichen Erfolg verhindert oder zumindest schmälert.

Adler (1924), der sich als erster systematisch mit dem Minderwertigkeitsgefühl beschäftigte, fand, daß meistens gleichzeitig mit dem Minderwertigkeitserlebnis eine psychische Tendenz zur Überwindung des Minderwertigkeitsgefühls entsteht. So können Minderwertigkeitserlebnisse für den einzelnen zu einer Chance für den beruflichen Karriereerfolg werden — wenn durch sie Kräfte zur Überwindung der Minderwertigkeit mobilisiert werden. Gelingt die Kompensation der Minderwertigkeit in der Realität — im Berufs- und Alltagsleben — nicht, kann sich dieser Impuls zur Kompensation in den Bereich der Phantasie verlagern und dort Riesenansprüche, unrealistische Erwartungen oder Hoffnungen wachsen lassen. In seiner Phantasie vermag sich dann z. B. der Gedemütigte als überlegener Held zu erleben. Das Ausscheren aus der Realität und damit der Formen der Überkompensation der Minderwertigkeitserlebnisse können zu mancherlei Fehlentwicklungen bis hin zu Neurosen führen, ist aber auch nicht selten die Ursache für das Versagen am Arbeitsplatz.

Jeder, der sich ernsthaft mit seinem Minderwertigkeitsgefühl auseinandersetzen will, muß erkennen, daß es auf einer Fehleinschätzung sich selbst gegenüber beruht. Im Kern dieser Fehlhaltung ist in der Regel die Egozentrik, eine ausgeprägte Selbstbezogenheit.

Der von Minderwertigkeitsgefühlen geplagte ängstliche Mensch muß sich seiner Mit- und Umwelt gegenüber öffnen, die von ihm selbst um sich herum aufgebaute Mauer abbauen.

Wie läßt sich diese Aufgabe realisieren?

Am Anfang hat die Selbsterkenntnis zu stehen. Es fällt dem ängstlich-gehemmten Menschen schwer, ehrlich gegen sich selbst zu sein, da er zum Aufbau von Fassaden oder Arrangements tendiert. Ehrlichkeit gegen sich selbst ist der erfolgreiche Weg. Sie deckt die Schwäche, die Haltlosigkeit fauler Ausreden, die Tarnung für Feigheit und die Unechtheit der selbstbezogenen Lebenseinstellung auf. Offenheit und Ehrlichkeit sich selbst gegenüber sollen hellhörig machen gegen den Selbstbetrug und gegen die Lügen, mit denen über die innere Unsicherheit und Angst hinweggetäuscht werden soll. Ehrlichkeit und Offenheit fordern, sich den Aufgaben zu stellen, sich nicht herumzudrücken, die volle Verantwortung zu übernehmen. Auf diese Weise wird gelernt zu erkennen, daß alle bisherigen Arrangements, alle Ausreden nichts anderes als schwache Schutzmaßnahmen waren, mit denen die Flucht vor den Aufgaben, vor den Anforderungen des Lebens verdeckt werden sollte.

Ehrlichkeit und Offenheit gegenüber sich selbst und den Realitäten ist das, was wir weiter oben als Sachlichkeit, als Klugheit, als Komponenten der persönlichen Autorität beschrieben haben.

Diese geforderte Ehrlichkeit, Offenheit und Objektivität fallen den an Minderwertigkeitsgefühlen leidenden Menschen schwer. Sie können sich nicht mehr verstecken, weil sie trotz ihrer Angst das Wagnis eigenen Tuns und Handelns auf sich nehmen und Stehvermögen entwickeln sollen, wovon letztlich die Akzeptanz des Menschen abhängig ist.

Den Anfang zur seelischen Gesundheit macht die Erforschung des Sinns und Zwecks der bisherigen Taktik. Man frage dabei nicht „warum?“, sondern „wozu?“.

Zur Veranschaulichung ein Beispiel: Die Frage ist nicht: Warum glaube ich an die nachteiligen Wirkungen meiner Erziehung, sondern wozu! Antwort: Weil diese Auffassung mir die Möglichkeit gibt, die Verantwortung für mein Minderwertigkeitsgefühl und meine Mißerfolge von mir abzuwälzen, weil ich durch diesen Glauben berechtigt bin, vor schwierigen Aufgaben frühzeitig die Waffen zu strecken *(Zeddies)*.

Wozu-Fragen sind der Schlüssel zur Selbsterkenntnis — zur Selbstanalyse, wenn sie offen und ehrlich (objektiv) gegen sich selbst gestellt und beantwortet werden. Ist dieser wichtige Schritt getan, sollten gezielte individuelle Lernvorgänge zum Erwerb von Techniken zur Umsetzung der gewonnenen Erkenntnisse in Angriff genommen werden.

Man sollte sich — wie bereits beschrieben — nicht zu viel auf einmal vornehmen. In kleinen Schritten ist der Erfolg zu planen. Selbstverständlich darf man sich über jeden Erfolg, auch den noch so kleinen, freuen. Aufhören, sich zu bemühen, sollte man eigentlich nie.

Die Methode der kleinen Schritte ist die Methode der Wahl. Das zeigt auch das nächste Beispiel.

3.3.2.2 Weiterentwicklung der Persönlichkeit am Beispiel der Verbesserung der „zwischenmenschlichen Beziehungen"

Herr B., ein 20jähriger junger Mann, hat Schwierigkeiten am Arbeitsplatz, insbesondere mit seinen Vorgesetzten. Der junge Mann macht ironische Bemerkungen zu Ausführungen seines Vorgesetzten, befolgt zuweilen nur zögernd dessen Anweisungen und kommt nicht selten zu spät zur Arbeit. Die Folge davon: Der Vorgesetzte wurde ärgerlich und versuchte, es ihm auf seine Weise „zurückzuzahlen". So entwickelte sich ein Zustand, in dem vor allem Herr B. kaum noch fähig war, ein freundliches Gespräch mit seinen Vorgesetzten zu führen.

Wir wollen uns in diesem Falle auf den jungen Mann beschränken, obwohl auch das Verhalten des Vorgesetzten diskussionsfähig ist. Was könnte der junge Mann in dieser Situation tun?

Er müßte zunächst bereit sein, etwas zu tun, d. h. sich ein Ziel zu setzen, beispielsweise pünktlicher zu sein.

Danach folgt die Analyse der Ausgangssituation. Dazu zählt — neben den Wozu-Fragen — auch die Registrierung der Häufigkeit des „negativen" Ereignisses, d. h. er muß zählen, wie oft er zu spät kommt. Das könnte so aussehen, daß der junge Mensch in seinem Taschenkalender jeweils einträgt, an welchem Tag er wieviel Minuten zu spät zur Arbeit kommt und warum bzw. wozu er es wieder nicht schaffte, pünktlich zu sein. Wichtig ist, daß diese Eintragungen sofort vorgenommen werden — nicht etwa erst am Wochenende „rückblickend".

Eine Hilfe kann es sein, einen Arbeitskollegen zu bitten, ihn an diese Eintragungen zu erinnern. Diese „statistische Erhebung" ist über mehrere Tage, mindestens über eine Woche durchzuhalten.

Der nächste Schritt ist die Suche nach positiven oder negativen Verstärkern. Ein positiver Verstärker ist eine Konsequenz, die das Verhalten dadurch verstärkt, daß sie der Situation hinzugefügt wird. Ein positiver Verstärker ist alles, was dazu beiträgt, die Häufigkeit des Verhaltens, auf das er folgt, zu erhöhen. Ein negativer Verstärker ist eine Konsequenz, das Verhalten dadurch stärkt, daß sie von der Situation abgezogen wird (*Watson* und *Tharp*, 1975). Wenn keine Verstärkung mehr erfolgt, beginnt der Prozeß der Löschung, und die Häufigkeit des Verhaltens nimmt ab.

Wie findet der junge Mann seinen Verstärker? Dazu einige Fragen:

- Welche Sache hätte ich gerne?
- Was sind meine hauptsächlichsten Interessen?
- Was für Hobbys habe ich?
- Mit welchen Leuten wäre ich gerne zusammen?
- Was würde ich tun, wenn ich mir etwas Schönes gönnen möchte?
- Was könnte ich tun, um mich zu entspannen?
- Wobei fühle ich mich wohl?
- Über welches Geschenk würde ich mich freuen?
- Welche Dinge sind mir wichtig?
- Was würde ich am wenigsten gern verlieren?
- Welche von den Dingen, die ich täglich tue, würde ich am schwersten vermissen?

Den „richtigen", d. h. wirksamsten Verstärker herauszufinden, ist eine höchst individuelle Angelegenheit.

Sobald der zutreffende positive oder negative Verstärker gefunden ist, sollte ein „Interventionsplan" aufgestellt werden. Selbstveränderung nach der Methode der Verstärkung beginnt mit einem „Vertrag" — einer Vereinbarung mit sich selbst, z. B. einen positiven Verstärker nur dann zu bekommen, wenn das Zielverhalten realisiert worden ist, etwa wenn der junge Mann nur einmal in der Woche zu spät gekommen ist, dann ...

Oder, wenn er — statt bisher 5mal — nur 3mal den Vorgesetzten am Morgen nicht gegrüßt hat, dann ...

Oder, wenn er dem Vorgesetzten einmal die Woche — bei gegebenem Anlaß — freundlich gedankt hat, dann ...

Abschließend sei ein einfacher, instruktiver Fall aus dem bereits zitierten Buch von *Watson* und *Tharp* dargestellt:

„*Ted* berichtete, daß sich sein Verhältnis zu seinen Eltern während der letzten Monate so verschlechtert hatte, daß immer häufiger Auseinandersetzungen über vollkommen harmlose Vorfälle stattfanden. Dabei gab es nur wenige echte Gründe für Unstimmigkeiten, und oft sah *Ted* sein eigenes Verhalten als Hauptursache des Konflikts. Er überhörte Fragen seiner Eltern, gab ihnen dumme Antworten oder machte ironische Bemerkungen. Das Ergebnis war meistens, daß seine Eltern ärgerlich wurden. Dann ärgerte er sich und hatte zugleich Schuldgefühle. Dieses Problem hatte sich in den letzten drei Jahren entwickelt und wurde offensichtlich immer schlimmer. *Ted* hatte einen Punkt erreicht, wo er kaum noch fähig war, zu Hause ein freundliches Gespräch zu führen.

Als *Ted* sich in unseren Kurs einschrieb, wählte er als Gegenstand seines eigenen Selbstveränderungsprozesses die schlechten Beziehungen zu seinen Eltern. Er beschloß, daß er versuchen wolle, häufiger etwas Freundliches zu seinen Eltern zu sagen. Als erstes mußte er feststellen, wie oft er freundliche Bemerkungen seinen Eltern gegenüber machte. So machte er drei Wochen lang jedesmal, wenn er etwas Freundliches gesagt hatte, einen Strich auf einem Blatt Papier. Die Gesamtzahl der freundlichen Bemerkungen zu seinen Eltern über diesen Zeitraum von drei Wochen hinweg war vier. Gerade etwas mehr als einmal in der Woche im Durchschnitt sagte er so etwas wie: ‚Mutter, das war wirklich eine gutes Essen' oder ‚Vater, das war wirklich sehr nett von dir, daß du mir Hilfe anbietest.' Er beschloß, daß er sich von nun an bemühen wolle, alle drei Tage etwas Freundliches zu sagen. Das würde schon eine Verbesserung sein, ein erster kleiner Schritt.

Ted suchte nach einem Weg, wie er die Häufigkeit seiner freundlichen Äußerungen steigern könnte. Da Poolbillard sein liebstes Hobby war und er mindestens alle drei Tage spielte, setzte er sich selbst die Regel, er dürfe nicht Pool spielen, ehe er nicht etwas Freundliches zu seinen Eltern gesagt hätte.

Nach drei Wochen hatte er sein Ziel, eine Freundlichkeit alle drei Tage zu sagen, erreicht und beschloß nun, die Häufigkeit freundlicher Äußerungen zu seinen Eltern auf einmal alle zwei Tage zu steigern. Wenn er auch dieses Ziel erreicht hätte, wollte er versuchen, die Häufigkeit seiner freundlichen Bemerkungen auf einmal täglich zu steigern. Er gab sich selbst einen Punkt für jede Freundlichkeit und spielte nicht eher Pool, bis er eine bestimmte Punktzahl erreicht hatte. Mit der Zeit steigerte er allmählich die erforderliche Punktzahl.

Acht Wochen, nachdem er den Plan begonnen hatte, war *Ted* so weit, daß er mindestens einmal am Tage etwas Freundliches sagte. Seine Eltern waren darüber sehr erfreut. Die Auseinandersetzungen hatten sichtlich abgenommen, und das machte zusammen mit seiner vermehrten Freundlichkeit die häusliche Situation viel angenehmer.“

3.4 Mitarbeiterführung durch persönliche Autorität

Die Führung der Mitarbeiter durch persönliche Autorität des Vorgesetzten wird von einer ethischen Wertorientierung geprägt, die bereits als Komponente der persönlichen Autorität beschrieben worden ist.

Diese Wertorientierungen durchdringen, wenn sie vom Vorgesetzten akzeptiert und internalisiert worden sind, die Persönlichkeit und das Führungsverhalten.

Sicherlich ist ein längerer, bewußter Lernprozeß erforderlich, bis die Persönlichkeit des Vorgesetzten von Sachlichkeit, Stehvermögen, Gerechtigkeit, Besonnenheit, Verantwortungsbewußtsein und

Vertrauenswürdigkeit geprägt worden ist. Es gibt in der Menschenführung unter besonderer Beachtung der Würde, der Persönlichkeit der Mitarbeiter dazu keine gleichwertige Alternative. Sicherlich ist auch sowohl ein Bemühen nach der „Methode der kleinen Schritte" als auch eine bewußte, stetige Pflege dieser Grundeinstellungen erforderlich.

Zur Standardsituation, in der Führungsverhalten gefordert wird: Der Vorgesetzte hat die Aufgabe, mit seinen Mitarbeitern die gesetzten betrieblichen Ziele zu erreichen. Die Aufgabe des Vorgesetzten besteht nun insbesondere darin, bei nicht tolerierbaren Soll-Ist-Abweichungen im Arbeits- und Sozialverhalten der Mitarbeiter steuernd einzugreifen. Mögliche Anlässe dazu sind u. a. Qualitätsmängel bei der Arbeit der Mitarbeiter, unzuverlässige Termine, Liegenlassen wichtiger Aufträge, Ablieferung schlampiger Arbeit, wenig planvolle Arbeiten, Überschreiten des Kostenrahmens, unzureichende Motivation der Mitarbeiter u. ä.

3.4.1 Eingreifen des Vorgesetzten bei nicht tolerierbaren Abweichungen im Leistungs- und Sozialverhalten der Mitarbeiter

Die Steuerung des Arbeitsverhaltens der Mitarbeiter durch den Vorgesetzten wird in der Regel eingeleitet durch (Stichproben-)Kontrollen.

Kontrolle ist diejenige Aufgabe des Vorgesetzten, bei der am stärksten das Über- und Unterordnungsverhältnis von Menschen im Betrieb zum Ausdruck kommt. Von den Mitarbeitern wird Kontrolle immer noch überwiegend als etwas Unangenehmes empfunden und löst bei allen Beteiligten meist zwiespältige Gefühle aus. Beim Mitarbeiter kann Kontrolle als Verletzung der persönlichen Freiheit, als Vorwurf des Mißtrauens, als Eingriff in den übertragenen Verantwortungsbereich interpretiert werden. Die Vorbehalte des Vorgesetzten können durch mangelnde Kontrolltechnik, geringes Kontrollbewußtsein, Angst vor fachlicher Unsicherheit, Sorge vor dem Schwund der Beliebtheit bei den Mitarbeitern u. ä. begründet sein.

Jeder Mensch tendiert dazu, einen bestimmten Bereich für sich haben zu wollen. Durch die Delegation von Aufgaben, Kompetenzen und Verantwortung wird nun ein „Revier" abgegrenzt und damit bewußt oder unbewußt ein „Revier-Verteidigungs-Verhalten“ beim Mitarbeiter provoziert. Aus der vergleichenden Verhaltensforschung ist bekannt, daß Tiere ihr „Revier“ verteidigen und jeden Angreifer oder Eindringling zu vertreiben suchen. Jeder Vorgesetzte, der nun kontrollierend in den Bereich des Mitarbeiters „einbricht“, sollte deshalb behutsam vorgehen, nicht durch einen „Überraschungsangriff“ irritieren oder nicht Abwehrreaktionen provozieren.

Es ist ein Verdienst der Psychoanalyse, den Begriff des psychischen Abwehrmechanismus beschrieben und eingeführt zu haben. Mit Abwehrmechanismen wird das sich bedroht fühlende Ich versuchen, sein Selbstbild zu verteidigen. Das Ich muß sich um den Fortbestand seiner Selbstachtung bemühen. Wird nun durch die Arbeitskontrolle des Vorgesetzten tatsächlich oder vermeintlich das Selbstbild angegriffen oder in Frage gestellt, dürften Abwehrmechanismen unvermeidlich sein. Der Vorgesetzte wird deshalb nicht die Person, sondern nur die Sache kritisieren. Fühlt sich der Mitarbeiter durch die Kontrolle bedroht, ist die Grundlage für ein sachgerechtes Gespräch nicht mehr vorhanden. Er wird primär nur an Verteidigung, an Abwehr denken. Im Hinblick auf diesen Sachverhalt erweist es sich für den Vorgesetzten als vorteilhaft, ein Verhältnis gegenseitigen Vertrauens aufgebaut zu haben.

Er kann und wird in der Regel darauf verweisen, daß er zur Durchführung von Kontrollen verpflichtet ist, daß diese notwendig sind und dem Mitarbeiter Entlastung von Verantwortung und Sicherheit bringen.

Durch einen kooperativ orientierten Führungsstil und durch die Stärkung des Selbstvertrauens des Mitarbeiters wird eine sachbezogene Einstellung weiter begünstigt. Damit kann der von manchen Pessimisten als gleichsam vorprogrammiert geltende Konflikt zwischen kontrollierendem Vorgesetzten und Mitarbeitern zumindest minimiert werden.

Kontrolle und Verantwortung

Nur die Unternehmungen werden für die Dauer auf dem Markt überleben, die bestimmte Qualitätsstandards beachten und verbindliche Zusagen, wie Termine und Mengen, einhalten. Deshalb ist Kontrolle eine sachliche Notwendigkeit.

Neben der begründeten Forderung nach Kontrolle steht nun das Führungskonzept der Delegation von Aufgaben, Kompetenzen und Verantwortung. Es stellt sich somit das Problem, die Kontrollfunktion auszuüben, obwohl der Mitarbeiter in eigener Verantwortung entscheidet und handelt. Dem Vorgesetzten bleibt dennoch die Pflicht, im Interesse des Unternehmens sicherzustellen, daß der Mitarbeiter seine Pflicht erfüllt; das ist seine (Führungs-)Verantwortung.

Vom Prinzip der Delegation von Verantwortung her gesehen, böte sich die Selbstkontrolle an, d. h. der Mitarbeiter müßte dann auch das volle Risiko tragen. Tatsächlich trägt er jedoch nur einen Teil des Risikos, z. B. wenn ihm für ein gefertigtes Teil mit nicht tolerierbaren Qualitätsmängeln nur der Stücklohn vorenthalten wird. Schon von daher ist eine — zusätzliche — Kontrolle des Vorgesetzten legitimiert. Eine alleinverantwortliche Selbstkontrolle kann Probleme aufwerfen. Zur Veranschaulichung der Situation sei ein Aphorismus von *Nietzsche* zitiert: „Das habe ich getan sagt mein Gedächtnis. Das kann ich nicht getan haben sagt mein Stolz und bleibt unerbittlich. Schließlich gibt das Gedächtnis nach.“ Bei einer eher schwachen Selbststeuerung, einem eher schwachen Ich, reagiert die menschliche Persönlichkeit mit Abwehrmechanismen nicht nur gegen Bedrohungen des Selbstbildes von außen durch andere, sondern auch gegen eigene Schwächen im Hinblick auf das eigene Kontrollbewußtsein. Um das Selbstbild vom weitgehend fehlerfreien Arbeitsvollzug nicht zu gefährden — möglicherweise auch aus Bequemlichkeit —, wird das eigene Kontrollbewußtsein hintergangen oder verdrängt. Trotzdem — oder vielleicht gerade deswegen — ist die Erziehung zur Eigenverantwortung, zur möglichst weitgehenden Selbstkontrolle, notwendig und sinnvoll. Im Sinne einer echten Partnerschaft zwischen Vorgesetztem und Mitarbeitern trägt die Kontrolle des Vorgesetzten zur Reduzierung des Risikos bei.

Neben der Selbstkontrolle haben auch die Ergebniskontrolle und die — nicht im Zuständigkeitsbereich des Vorgesetzten liegende — Revision Schwächen als Führungsinstrument. Sie erfassen in der

Regel schon abgeschlossene Vorgänge und lassen somit dem Vorgesetzten keine Steuerungsmöglichkeiten.

Die totale Kontrolle widerspricht modernen zeitgemäßen Führungstechniken. So bleibt als erste Wahl für die Durchführung von Kontrollen die Berichtskontrolle und die Stichprobenkontrolle. Der Zeitpunkt und das Thema der Stichprobenkontrolle müssen für den Mitarbeiter unkalkulierbar sein, zumindest eine der beiden Einflußgrößen muß nicht vorhersehbar sein.

Mit der Kontrollart hängt auch die Kontrollspanne zusammen. Unter Kontrollspanne versteht man allgemein die Zahl der Mitarbeiter, die einem Vorgesetzten unterstellt sind, die von ihm geführt und kontrolliert werden. Bei der Totalkontrolle mag die obere Grenze schon bei 3—4 Mitarbeitern liegen. Bei der Stichprobenkontrolle liegt diese Grenze deutlich höher. Die Kontrollspanne ist weiterhin vom Strukturiertheitsgrad der Arbeit abhängig. Bei hochstrukturierten Arbeiten, bei der die Arbeitsmethode detailliert festgelegt ist, wie etwa bei Montagearbeiten in der Massenfertigung, kann die Kontrollspanne größer sein.

Strikte Sachlichkeit bei der Kontrolle

Im Hinblick auf die persönliche Autorität des Vorgesetzten ist bei der Ausübung der Kontrolle strikte Sachlichkeit gefordert. Der Mitarbeiter muß den Eindruck gewinnen, daß der Vorgesetzte einer notwendigen Pflicht nachkommt. Der Mitarbeiter sollte über die unabdingbare Notwendigkeit der Beachtung der Maßstäbe (Normen) informiert sein. Die Kontrolle wird sich dann auf das wirklich Wesentliche leichter beschränken können. Sie wird dann zu einer korrekten Angelegenheit und kommt aus dem Verdacht, als subjektive, vielleicht sogar feindliche Machtdemonstration des Vorgesetzten interpretiert zu werden. Kontrolliert wird nur, ob sich der Mitarbeiter im Rahmen der vorgegebenen oder vereinbarten Zielsetzungen, Normen und Richtlinien bewegt. Vorgesetzter und Mitarbeiter begeben sich gleichermaßen unter das Diktat der sachlichen Forderung der Realität. Der kontrollierende Vorgesetzte kann somit zum helfenden Partner für den Mitarbeiter bei der Erfüllung der Norm (im weitesten Sinne) werden.

Stehvermögen des Vorgesetzten ist bei der Durchführung der Kontrolle gefragt

Neben der strikten Sachlichkeit erfordert die Kontrolle Führungsstärke, also insbesondere Stehvermögen. Der Vorgesetzte muß sich klar zu den Forderungen der Kontrollmaßstäbe bekennen und diese taktvoll, doch konsequent vertreten.

Die Kontrollfunktion des Vorgesetzten ist nicht delegierbar

Der Vorgesetzte überträgt seinem Mitarbeiter die Arbeitsaufgabe. Der Mitarbeiter liefert die fertiggestellte Arbeit beim Vorgesetzten ab oder erstattet Vollzugsmeldung über eine Dienstleistung. Der Mitarbeiter hat ein Anrecht zu erfahren, wie der Vorgesetzte seine erbrachte Leistung beurteilt, d. h. er erwartet Anerkennung oder Kritik — zumindest in irgendeiner Form Entlastung von Verantwortung. Ein Vorgesetzter, der nicht zur Aufgabendurchführung und Leistungserstellung seiner Mitarbeiter Stellung nimmt, untergräbt seinen Führungsanspruch, seine Führungsautorität und qualifiziert sich selbst ab.

Fairneß und Gerechtigkeit bei der Kontrolle

Der Vorgesetzte muß bei der Kontrolle fair, d. h. gerecht sein. Mit der Arbeitsaufgabe muß der Mitarbeiter auch die Maßstäbe kennen, nach denen die Arbeit bewertet wird. Leistungsziele können vom Vorgesetzten vorgegeben oder mit dem Mitarbeiter vereinbart werden, wenn sie nicht von einer anderen weisungsbefugten Stelle (z. B. Planungsinstanz) vorgegeben sind. Leistungsziele wie Menge, Güte, Termine sollen immer in quantitativer (zahlenmäßiger) Form vorgegeben werden, da sie den Kontrollvorgang objektivieren und somit keinen Spielraum für subjektive Interpretationen des Vorgesetzten und des Mitarbeiters lassen. Die Mitarbeiter haben ein Recht, eindeutige und gerechte Maßstäbe zu fordern. Die Kontrollmaßstäbe müssen dem Mitarbeiter bei Beginn der Arbeit bekannt sein.

Der Vorgesetzte soll offen kontrollieren

Der Vorgesetzte soll durch seine Kontrollpflicht nicht sein Vertrauensverhältnis zum Mitarbeiter aufs Spiel setzen, d. h. er soll offen kontrollieren. Der Vorgesetzte hat nichts zu verbergen und braucht kein schlechtes Gewissen zu haben, wenn er seiner Kontrollpflicht nachkommt. Der Mitarbeiter soll wissen, daß seine Arbeit vom Vorgesetzten kontrolliert werden muß. Es ist aber schlechter Führungsstil, ohne zwingenden sachlichen Grund in Abwesenheit eines Mitarbeiters dessen Arbeit am Arbeitsplatz zu kontrollieren. Die Mitarbeiter sollen wissen, daß die Arbeit aller anderen Kollegen ebenfalls der Kontrolle unterliegt. Die Häufigkeit der Kontrolle hängt vom Schwierigkeitsgrad der Arbeit, der Vertrautheit oder Geübtheit des Mitarbeiters ab. Durch die Kontrolle soll ja der Arbeitsvollzug sicher ins Ziel gesteuert werden.

Das Gefühl des Mitarbeiters, sachlich gerecht kontrolliert worden zu sein, fördert die Führungsautorität des Vorgesetzten. Ein Vorgesetzter wird anerkannt, wenn er gerecht ist.

Vorgehensweise bei der Durchführung von Kontrollen

1. Vorfragen

— Hat sich dis bisherige Form und Art der Kontrolle als zweckmäßig erwiesen?
— Gibt es einen Kontrollplan? Ist der Kontrollplan mit den anderen Terminplänen abgestimmt?
— Sind dem Mitarbeiter die Kontrollmaßstäbe, d. h. die Leistungsziele hinsichtlich Menge, Güte, Terminen bekannt?
— Wo liegen die „kritischen" Einzelaufgaben des Mitarbeiters?
— Welche besonderen Schwierigkeiten enthält die Arbeitsaufgabe?
— Worin liegen die individuell bedingten Probleme des Mitarbeiters bei seiner derzeitigen Arbeitsaufgabe?
— Wann wurde der Mitarbeiter das letzte Mal mit welchem Ergebnis kontrolliert? Wurden Änderungen, Verbesserungen oder „Konsequenzen" besprochen?
— Sind besondere persönlichkeitsspezifische Widerstände des Mitarbeiters gegen die Kontrolle zu erwarten?

— Ist genügend Zeit für die Durchführung der Kontrolle vorhanden?

2. Gesprächseröffnung mit dem Ziel, ein sachliches, spannungsarmes Verhältnis zwischen kontrollierendem Vorgesetzten und dem Mitarbeiter zu schaffen (Desensibilisierung)

— Eine freundliche Begrüßung, eine aufmunternde Zuwendung zum Mitarbeiter, eine freundliche Mimik des Vorgesetzten, die von einer partnerschaftlichen Einstellung getragen wird, können gleichsam als „Auslösemechanismus" für ein freundliches Verhalten des Mitarbeiters wirken.
— Die einleitende Phase soll auflockern, z. B. durch positiv motivierende Bemerkungen über gute Leistungen oder über die Überwindung kürzlicher Schwierigkeiten (Stützung des Selbstgefühls des Mitarbeiters vor der das Selbstgefühl tangierenden Kontrolle).
— Entsteht beim Gesprächsbeginn aufgrund des erkennbaren Mitarbeiterverhaltens (z. B. anhand depressiver oder aggressiver Symptome) der Eindruck, daß der Mitarbeiter belastende private oder geschäftliche Sorgen oder Probleme hat, so ist zunächst ein erkundendes Gespräch, möglichst noch vor dem Kontrollgespräch, angezeigt.

3. Angabe des Zieles der Kontrolle und Beschreibung der Stichprobe durch den Vorgesetzten — gemeinsamer Soll-Ist-Vergleich durch Vorgesetzten und Mitarbeiter

— Dem Mitarbeiter sagen — wenn notwendig —, daß jetzt eine Stichprobenkontrolle vorgenommen wird, damit Klarheit und Offenheit herrschen.
— Der Mitarbeiter soll an der Kontrolle beteiligt werden. Er soll sehen, auf welche Art und Weise der Vorgesetzte kontrolliert (Lerneffekt).
— Der Vorgesetzte sollte den Mitarbeiter auffordern, selbst noch einmal den Soll-Ist-Vergleich durchzuführen, damit dieser die Abweichung selbst findet (so eine vorhanden ist).
— Der Mitarbeiter soll zum Ergebnis Stellung nehmen können, es kommentieren und interpretieren können.

4. Analyse der Fehlerursachen, -bedingungen und Einleitung des Lernprozesses mit dem Ziel, künftig Fehler zu vermeiden

— Dem Mitarbeiter Gelegenheit geben, von sich aus Vorschläge zu machen, künftig Fehler zu vermeiden.
— Bei der Analyse der Ursachen und Bedingungen der Soll-Ist-Abweichung sollte zunächst die Frage aufgeworfen werden, ob der Mitarbeiter für die Durchführung auch alle notwendigen Hilfen (Hilfsmittel, Werkzeuge, Betriebsmittel) hat, ob die Arbeitsplatzgestaltung, die Ablauforganisation Mängel haben, ob das Arbeitssystem ordnungsgemäß gewartet wurde u. ä. mehr.

  Als nächster Schritt ist die Frage nach der Eignung des Mitarbeiters zu stellen, und zwar sowohl nach der Über- als auch nach der Unterforderung. Ist der Mitarbeiter überfordert, muß geprüft werden, ob ein Unterweisungs- bzw. Lernbedarf vorliegt oder ob durch eine angemessene Arbeitsstrukturierung oder Arbeitsgestaltung die Arbeitsanforderungen an die Eignung des Mitarbeiters adaptiert werden können. Mit Arbeitsstrukturierung und Arbeitsgestaltung kann auch der Unterforderung begegnet werden, indem man das Aufgabengebiet erweitert und bereichert, beispielsweise durch qualitativ anspruchsvollere Elemente anreichert.

  Läßt sich die Eignungsfrage durch Lernen oder Arbeitsgestaltung nicht zufriedenstellend lösen, stellt sich die Frage nach einer Umsetzung in der gleichen Arbeitsgruppe oder die Versetzung in eine andere Arbeitsgruppe oder Abteilung. Letztlich kann sich auch das Problem der Freistellung ergeben.

— Ist der Mitarbeiter für die Arbeitsaufgabe geeignet und es ergeben sich Hinweise dafür, daß die Soll-Ist-Abweichung mitarbeiterbedingt ist, sollte bei der Fehleranalyse die Frage geprüft werden, ob Motivationsprobleme vorliegen.
  Denkanstöße für die Analyse der Motivationsstruktur:
  — Beruht die Soll-Ist-Abweichung auf nachlassendem Eigenantrieb?
  — Oder auf Unsicherheit, mangelndem Selbstvertrauen hinsichtlich der erwarteten Soll-Leistung oder auf einem zu
  — schwachen Interesse an der übertragenen Arbeitsaufgabe oder auf

— vorhergegangenen Frustrationen infolge arbeitsmäßiger Mißerfolge oder auf
— fehlender oder unzureichender Rückmeldung über den Erfolg oder Mißerfolg abgeschlossener Arbeit, oder liegen
— persönliche, private Schwierigkeiten oder
— Spannungen zwischen Kollegen oder mit dem Vorgesetzten vor, oder
— ist ein krankhafter Prozeß erkennbar?

5. Konstruktiven Abschluß der Kontrolle anstreben

— Vorgesetzter soll gegebenenfalls weitere Hilfestellung zur Vermeidung künftiger Soll-Ist-Abweichungen in Aussicht stellen.
— Vorgesetzter soll dem Mitarbeiter partnerschaftliches Zusammenwirken bei auftauchenden Schwierigkeiten anbieten und zur rechtzeitigen Kontaktaufnahme mit ihm bei auftauchenden Schwierigkeiten ermuntern.
— Vorgesetzter soll seine Zuversicht zum Ausdruck bringen, daß der Mitarbeiter der Aufgabe nun voll gewachsen ist.
— Der Mitarbeiter soll das Gefühl haben, daß — bei negativem Kontrollergebnis — die Angelegenheit endgültig in dem Sinne erledigt ist, daß keine Belastung des Verhältnisses zum Vorgesetzten zurückgeblieben ist.

3.4.2 Der Stellenwert der Anerkennung des Mitarbeiters in der Personalführung

In einem metallverarbeitenden Großbetrieb haben wir (*Schmidt*, 1983) 701 Maschinenarbeitern die Frage vorgelegt: „Wann wurden Sie das letzte Mal von Ihren Vorgesetzten gelobt?“ Nur 15 Prozent gaben einen Zeitpunkt an, der teilweise schon lange zurückliegt. 38 Prozent vertraten die Meinung, von ihren Vorgesetzten noch nie gelobt worden zu sein.

Nachstehend — zur Veranschaulichung — eine Auswahl von Antworten der befragten Maschinenarbeiter, „warum“ sie ihrer Meinung nach noch nie von ihren Vorgesetzten gelobt worden sind:

Gibt es bei uns nicht — nicht üblich — Vorgesetzter trägt die Nase zu hoch — wegen Selbstüberheblichkeit nicht möglich — weil er das in seinem Leben noch nicht fertiggebracht hat — das eigene Ich ist zu stark — weil er parteiisch ist — nur gewisse Kollegen — gelobt wird nur einer, wenn er den anderen hinhängt — man kann ihm nichts recht machen — kritisiert nur — es wird nur gerügt — die Herren sind alle stur — bloß dumm anreden — es wird heute nur noch geschimpft — klappt der Laden, war's er, wenn nicht, wir — lobt sich selber — gute Arbeit ist selbstverständlich — ist dem Vorgesetzten nicht gegeben — das kennt der nicht — bezahlte Arbeit wird nicht gelobt — daß alles klappt, ist selbstverständlich — persönlicher Kontakt fehlt — kein Verständnis u. ä.

In vielen Führungsseminaren habe ich dieses Untersuchungsergebnis referiert und es von den Seminarteilnehmern im großen und ganzen bestätigt erhalten! Allein schon dieses Untersuchungsergebnis würde einen partnerschaftlichen Führungsstil, eine wertorientierte Grundhaltung des Vorgesetzten, wie wir es durch die Komponenten der persönlichen Autorität beschrieben haben, rechtfertigen.

Leider werden — auch noch in unserer Zeit — die Möglichkeiten des Führungsmittels Anerkennung unterschätzt. Auch heute noch findet man Vorgesetzte, die sich von der Devise leiten lassen: „Wenn alles gutgeht, sage ich nichts, wenn's schiefläuft, reagiere ich.“ Häufig trifft man auf die Befürchtung, daß nach einer ausgesprochenen Anerkennung die Mitarbeiter in ihren Anstrengungen nachlassen oder dazu „verleitet“ würden, höhere geldliche Forderungen zu stellen. Andere Vorgesetzte stellen resignierend fest, daß „alles keinen Sinn mehr hat“. Nach alldem scheinen ein paar grundsätzliche Überlegungen angezeigt.

Anerkennung des Mitarbeiters hat etwas mit Achtung der Persönlichkeit zu tun. *Gasser* bemerkte bereits 1958: „Weil jedem Menschen letzten Endes die persönliche Achtung, die menschliche Sympathie, die Achtung vor seiner Persönlichkeit weit über allem anderen steht, gerade deshalb versagen oft an sich richtige betriebliche Maßnahmen, mit deren Hilfe man glaubt, einen guten Geist in den Betrieb bringen zu können. Sie finden nicht die Resonanz, die man erwartet, oder werden vielleicht sogar mit Mißtrauen betrachtet . . . weil die menschliche Wärme der leitenden Persönlichkeiten fehlt, weil der Arbeitnehmer nicht spürt, daß es eben doch letzten Endes um ihn als Menschen, um seine Wertschätzung als Mensch geht." Bei der Achtung, der Anerkennung des Mitarbeiters geht es um dessen Wertschätzung als Menschen — geht es letztlich um die Würde des Menschen. Dieser Anerkennung steht — so kam es bei einigen der Antworten der befragten frustrierten Mitarbeiter zum Ausdruck — die Selbstbezogenheit der Vorgesetzten im Wege („das eigene Ich ist zu stark — trägt die Nase zu hoch — aus Selbstüberheblichkeit nicht möglich — Vorgesetzter Ich-Mensch" u. ä.). In der Anerkennung, im Lob — wenn sie sich auch auf die vollbrachte Leistung beziehen — kommt immer auch eine Achtung der Person, kommt eine partnerschaftliche Einstellung, eine „Aufwertung" des Arbeiters zum „Mitarbeiter" zum Ausdruck. Die Selbstachtung, die Würde ist für den einzelnen Menschen das Wichtigste. Wird sie ihm nicht zuteil, kann sich auch kein partnerschaftliches betriebliches Zusammenwirken entwickeln, letztlich auch keine Loyalität gegenüber dem Betrieb und dessen wohlbegründeten Zielen.

Anerkennung stärkt das Selbstvertrauen

Im Selbstvertrauen drückt sich die Zuversicht in die eigene Stärke und zu den eigenen Möglichkeiten im Lebenskampfe aus.

Guilford (1965) beschreibt das Selbstvertrauen als „das Gefühl, den Dingen gewachsen zu sein; ein Glaube an sich selbst; ein gewisses selbstsicheres Benehmen (social poise), welches Verlegenwerden ausschließt. Je nachdem, ob ein Mensch die vielen Anforderungen seiner Umgebung an ihn erfolgreich bewältigt oder ob er sich von der Umwelt zurückzieht, kann man von einer positiven oder negativen Einstellung den Dingen gegenüber sprechen, die sich im Selbstvertrauen oder im negativen Falle in Minderwertigkeitsgefühlen niederschlägt."

Das Selbstvertrauen ist primär von Erfolgserlebnissen abhängig. In der vom Vorgesetzten zum Ausdruck gebrachten Anerkennung drückt sich, wenn sich diese an erbrachten Leistungen orientiert, Erfolg aus. Natürlich sollte sich Anerkennung nicht immer nur verbal äußern, sondern sich auch in anderen Bezügen widerspiegeln, etwa in mehr Geld, in der bewußten Übertragung interessanterer bzw. schwierigerer Aufgaben, im Fragen um Rat, in der Möglichkeit zu persönlicher Entfaltung (Arbeitsbereicherung), im Einräumen von mehr Handlungsspielraum und -kompetenz, in der Teilnahme an Fortbildungsveranstaltungen u. ä.

Menschen, die durch Erfolgserlebnisse eine Stärkung ihres Selbstvertrauens erfahren, wagen sich eher an schwierige Aufgaben heran und geben bei Schwierigkeiten nicht so schnell auf.

Tadel und Kritik können unter bestimmten Bedingungen das Selbstgefühl verletzen und das Selbstvertrauen schwächen; vor allem, wenn der individuelle, persönliche Kern der Persönlichkeit betroffen wurde — d. h. wenn Kritik nicht den schon beschriebenen Charakter der sachlichen Ist-Zustandsanalyse hatte. Vor allem sensible, feinfühlige Menschen sind sehr leicht seelisch tief verletzbar. Fühlt sich der getadelte Mensch bloßgestellt und gedemütigt, kann er aggressiv oder nachtragend reagieren. Das Vertrauen in die eigene Leistungsfähigkeit kann schwächer werden, weil der Mitarbeiter zu unsicher, zaghaft an die Aufgaben herangeht. Aber auch ein Aufbäumen ist denkbar; der Mitarbeiter will dem Vorgesetzten „beweisen", daß er nicht „so schlecht" ist, dem Vorgesetzten soll nachgewiesen werden, daß er sich geirrt hat.

Als Faustformel kann gelten: Eine leistungsorientierte Anerkennung stärkt das Selbstvertrauen, die Persönlichkeit und das Selbstwertgefühl des Mitarbeiters. Tadel sowie persönlich gehaltene Kritik vermögen das Selbstgefühl zu schwächen und Aggression oder Resignation zu provozieren. So fordert vor allem die Anwendung des Führungsmittels Kritik Takt, streng auf die Arbeit bezogene Sachlichkeit und Hilfestellung, damit der Mitarbeiter — populär ausgedrückt — nicht sein „Gesicht verliert".

Anerkennung und Kritik als Lernhilfen

Zu den Hauptaufgaben des Vorgesetzten gehört die kontinuierliche Fort- und Weiterbildung des Mitarbeiters, dessen Anpassung an die sich ändernden Anforderungen des Arbeitsplatzes — an den technologischen Fortschritt. Der Vorgesetzte hat somit auch die Funktion eines Lehrers und Unterweisers. Dabei haben Anerkennung und Kritik einen sehr wesentlichen Einfluß auf die Lernprozesse der Mitarbeiter. Mit Anerkennung und Kritik kann der Vorgesetzte aktiv in den Lernprozeß des Mitarbeiters eingreifen, den Lernprozeß steuern oder den Lernerfolg sichern. Soll das durch die Unterweisung des Vorgesetzten erlernte Verhalten Bestand haben, muß es „verstärkt", also belohnt werden. Es muß, in Anlehnung an *Freud*, „lustvoll" sein, das erlernte Verhalten zu praktizieren. Bestätigung und Anerkennung erhöhen die Wahrscheinlichkeit für das Wiederauftreten eines vom Vorgesetzten akzeptierten oder erwünschten Verhaltens. Die Anwendung des Führungsmittels Anerkennung im Lernprozeß ist immer angezeigt, wenn der Mitarbeiter einen Lernschritt geschafft, einen Lernerfolg erzielt hat. Durch Anerkennung wird der Lernerfolg gefestigt, und der Mitarbeiter hat die Bestätigung, es richtig gemacht zu haben. Anerkennung festigt sein Selbstvertrauen im Hinblick auf den nächsten Lernschritt. Anerkennt der Vorgesetzte und der Mitarbeiter weiß nicht wofür, so kann sich keine effektive Lerneinstellung herausbilden; möglicherweise zieht der Mitarbeiter aus einer nicht gerechtfertigten Anerkennung falsche Schlüsse, d. h. es stellt sich keine fruchtbare Verbindung zwischen Lernfortschritt und Verstärkung ein.

Leitsätze für den Einsatz der Führungsmittel Anerkennung und Kritik

— *Anerkennung und Kritik vermitteln Orientierung*
Anerkennung und auch Kritik orientieren den Mitarbeiter darüber, ob sich der erreichte Ist-Zustand schon mit dem Soll-Zustand deckt (Anerkennung) oder ob der gewünschte Soll-Zustand noch oder noch nicht erreicht ist (Kritik). Die Führungsmittel Anerkennung und Kritik setzen voraus, daß dem Mitarbeiter vorgängig die Ziele, Erwartungen, die Soll-Maßstäbe vorgestellt worden sind.
Diese Art der „Rückmeldung" in Form von Anerkennung und Kritik ist vor allem für die Mitarbeiter sehr wichtig, bei denen die Arbeit keine rein quantitative Beschreibung des Soll-Zustandes zuläßt. Das sind vor allem die Bereiche, wo nicht gemessen, sondern beurteilt wird. Anerkennung und Kritik stellen entscheidende Orientierungshilfen für die Mitarbeiter dar und werden dadurch zu persönlichen Steuerungshilfen.

— *Anerkennung vermittelt Selbstvertrauen; Anerkennung muß gezielt, angemessen und individuell erfolgen*
Anerkennung vermittelt dem Mitarbeiter die Sicherheit, den An-

forderungen und Aufgaben gewachsen zu sein sowie den Vorgesetzten zufriedengestellt zu haben. Die Angst, zu versagen oder nicht den Erwartungen zu entsprechen, verschwindet.
Es muß aber gezielt zum Ausdruck kommen, was anerkennenswert war bzw. ist. Unecht und geradezu peinlich kann es wirken, wenn sich der Vorgesetzte enthusiastisch über Nebensächliches ausläßt und wirkliche Leistungen oder größere Fortschritte verhältnismäßig beiläufig beachtet. Der Vorgesetzte sollte sich die Mühe machen, abzuschätzen, welchen Stellenwert der Lernfortschritt, die erbrachte Leistung in den Augen seines Mitarbeiters hat und wie schwer oder leicht es ihm gefallen ist. In der differenzierten Anwendung des Führungsmittels Anerkennung drückt sich auch das Interesse, das Engagement des Vorgesetzten für seinen Mitarbeiter aus.

— *Das Bedürfnis des Mitarbeiters nach Anerkennung ist ständig zu pflegen*
Jeder Mensch hat ein — wenn auch unterschiedlich ausgeprägtes — Bedürfnis nach Anerkennung. Bleibt dieses sehr wichtige Bedürfnis längere Zeit unbefriedigt, stellt sich ein Zustand ein, der mit Frustration beschrieben wird. Es gehört zu dem gesicherten Wissensbestand der Psychologie, daß durch Frustrationserlebnisse die Neigung zu Aggression, Opposition — vor allem aber zur Resignation, Uninteressiertheit, Teilnahmslosigkeit wachsen. Dieser Seelenzustand wird auch mit dem Begriff der inneren Emigration oder der inneren Kündigung umschrieben und hat verheerende Auswirkungen auf die Effizienz der Mitarbeiter für betriebliche Interessen. Vorgesetzte sollten die Erwartungen der Mitarbeiter nach Anerkennung pflegen, denn dadurch haben sie eine vorzügliches Instrument an der Hand. Anerkennung fördert die Leistung, die Arbeitszufriedenheit und die zwischenmenschlichen Beziehungen.

— *Der Lernerfolg hängt von der raschen Anerkennung ab*
Der Lernerfolg ist am größten, wenn ein richtig gelerntes Verhalten sofort anerkannt, ein nicht den Erwartungen entsprechendes sofort korrigiert wird. Damit wird für den Lernenden zweifelsfrei eine klare Verbindung (Assoziation) zwischen richtigem Verhalten und „Verstärkung" hergestellt. Im Falle einer Abweichung vom angestrebten Verhalten kann sich dieses „falsche"

Verhalten erst gar nicht im Gedächtnis festsetzen. In diesem Zusammenhang ist auf die Wirkung des „negativen Transfers“ hinzuweisen: Lernexperimente haben nachgewiesen, daß es leichter ist, etwas Neues als etwas „Falsches“, das zunächst als richtig galt, zu korrigieren.

Den Mitarbeiter anerkennen — eine Grundvoraussetzung für den Aufbau und die Pflege der persönlichen Autorität und für eine partnerschaftliche Zusammenarbeit.

Zur Bedeutung der Anerkennung für das betriebliche Zusammenwirken sei noch einmal *Gasser* zitiert: „Die echte Wertschätzung des Untergebenen als Menschen schafft beim Vorgesetzten die richtige innere Bereitschaft, Anerkennung zu geben, Lob zu spenden. Der Hunger nach Anerkennung ist gewaltig und allgemein. Wie viele ausgedörrte Menschen gibt es in unseren Betrieben, die verdorrt sind, weil sie nach einem Wort des Lobes für ihre Arbeit, ihre Leistung lechzten, jahrelang, jahrzehntelang . . . aber dieses Wort blieb aus, vielleicht . . . weil der Vorgesetzte zu jener Kategorie von Menschen gehört, der um alles in der Welt kein nettes Wort über seine Lippen ‚brömeln‘ kann, weil er meint, eine Steigerung des Selbstbewußtseins (seiner Mitarbeiter) würde seine eigene Autorität gefährden.“

Anerkennung ist — nicht nur im übertragenen Sinne — für das Wohlbefinden des arbeitenden Menschen notwendig. In einer eigenen Untersuchung konnten wir — statistisch signifikant — nachweisen, daß diejenigen Mitarbeiter, deren Arbeit von ihren Vorgesetzten anerkannt wurde, sich auch überwiegend gesund fühlen und weniger zu krankheitsbedingten Fehlzeiten neigen (*Schmidt*, 1967).

Von der Anerkennung der Mitarbeiter hängt auch deren Leistungsmotivation ab.

3.4.3 Die Motivation der Mitarbeiter — ohne anerkannte Autorität ein schwer lösbares Problem

Ohne Motivation geht es nicht

Der Vorgesetzte kann mit seinen Mitarbeitern den ihm gesetzten Zielen nur entsprechen, wenn seine Mitarbeiter „mitspielen", d. h. wenn diese zur Mitarbeit motiviert sind.

Die Leistung einer Abteilung ist — neben technischen und organisatorischen Voraussetzungen — insbesondere vom Leistungsangebot der Mitarbeiter abhängig. In den durch *Lehmann* (1962) in die arbeitswissenschaftliche Diskussion eingeführten Begriff des Leistungsangebotes geht sowohl die Leistungsfähigkeit als auch die Leistungsbereitschaft mit ein. Die Leistungsbereitschaft wird abhängig gesehen von der physiologischen Leistungsdisposition (z. B. Tagesrhythmik, Ermüdungszustand) und der psychologischen Leistungsmotivation. Unter Motivation versteht man die Summe der Beweggründe für menschliches Verhalten. Ein einzelner Beweggrund wird als Motiv bezeichnet. Aus arbeitswissenschaftlicher bzw. betriebsorganisatorischer Sicht lassen sich die Motive als eine psychisch bedingte Gruppe von Einflußfaktoren auf das Arbeitsverhalten interpretieren. Dadurch werden sie für den Vorgesetzten zu bedeutsamen und durch ihn gestaltbare Größen.

Der Mensch ist eine Ganzheit. Er will als Ganzes angesprochen werden. Wird da z. B. das Nicht-Rationale hintangestellt und auch verdrängt, dann macht es sich in einem allgemeinen Unbehagen und einer Unzufriedenheit bemerkbar. Es wirkt als das Destruktive aus dem Unterbewußtsein heraus: als Ärger, als Affekt, als schlechte Laune, als Neid oder wie sich der „nichtrationale Rest" sonst bemerkbar zu machen pflegt.

Es gehört zu den wichtigen Aufgaben eines Vorgesetzten, dafür zu sorgen, daß vom Nichtrationalen möglichst keine destruktiven Wirkungen ausgehen oder, wo immer das geschieht, diese gemindert und aufgelöst werden. Dabei sollte man sich daran erinnern, daß das Nichtrationale ebenso stark beachtet wird oder noch stärker als das Rationale, weil — wie die Tiefenpsychologie festgestellt hat — im Nichtrationalen die Antriebskräfte des Menschen liegen, seine Dynamik, aber auch Freude, Begeisterung, Anteilnahme, Zufriedenheit und das Wertgefühl (erfahrene Achtung und Anerkennung), die jede Handlung erst in Schwung setzen. Was man nicht schätzt, verwirklicht sich nicht!

Daraus ist zu folgern, daß es eine wichtige Führungsaufgabe ist, die negativen und destruktiven Gefühlskräfte — das was sich im Phänomen der inneren Kündigung oder Emigration manifestiert — nicht entstehen zu lassen oder sie schnell zu erkennen und aufzulösen. Es ist von vornherein darauf zu achten, daß die konstruktiven Kräfte des Gefühls und des Gemüts gleich richtig angesprochen werden, damit die Antriebskräfte in Bewegung kommen und der Mitarbeiter sich mit dem, was er tut, identifizieren kann. Das fällt ihm um so leichter, wenn er seinen Vorgesetzten akzeptiert und wenn dieser über persönliche Autorität verfügt.

Jeder, der Menschen einsetzen und zur Leistung führen will, muß also die nicht-rationale Seite, die Art seiner Einstellung, seine Wertordnung in Rechnung stellen (wie bereits im empirischen Befund belegt). Die Mitarbeiter erwarten von ihrem Vorgesetzten Gerechtigkeit und die Beachtung ihrer Würde.

Wer nicht in diesem Sinne führt, erlebt bald, daß das Nichtrationale die beste Organisation und das ausgeklügelste System unwirksam machen kann und damit die Wirtschaft schwächt.

Führen durch Motivieren

Der Betriebspraktiker aossoziiert mit dem Wort Motivation Verhaltensweisen wie: Schwung, Begeisterung, Eigeninitiative, Engagement, Selbständigkeit u. ä. Fehlt die Motivation, dann muß der Mitarbeiter „in Gang gesetzt werden", „angetrieben" oder „gelockt" oder „geködert" o. ä. werden.

Das Motivieren der Mitarbeiter ist eine Hauptaufgabe jedes Vorgesetzten und ist insbesondere im Zusammenhang mit der Zielsetzung bzw. Zielvereinbarung (siehe weiter oben) — bei Aufträgen, Anweisungen, bei Aufgabenbesprechungen — oder im Anschluß an die Führungsfunktion Kontrollieren zu sehen.

Im Zentrum von Motivationsgesprächen stehen in der Regel die Ziele und die Aufgaben des Mitarbeiters.

Der Vorgesetzte muß

— auf die Vorbehalte, Unsicherheiten oder auf die mögliche Abwehrhaltung des Mitarbeiters eingehen; also nicht vorrangig überlegen: Wie kann ich jetzt „überreden, einseifen“ o. ä.,
— den Mitarbeiter bei der Problemanalyse der Aufgabe und bei der Lösungserarbeitung mitwirken lassen; also nicht: Wie kann ich verhindern, daß er den „Pferdefuß“, die „Schwierigkeit“ sofort erkennt und ablehnend reagiert,
— die Vorteile, den Nutzen für den Mitarbeiter herausarbeiten; vor allem dann, wenn „unbeliebte“ Aufgaben vergeben werden müssen, wenn neue oder zusätzliche Arbeiten vom Mitarbeiter übernommen werden sollen.

Bei der Lösung der Führungsaufgabe Motivieren wird die Erfolgschance für den Vorgesetzten erhöht, wenn er auf den Mitarbeiter in spezifischer Weise eingeht, sich an der Bedürfnishierarchie des Mitarbeiters orientiert. Der Vorgesetzte muß sich in den Mitarbeiter „hineinversetzen“ können (Sensibilität haben) und sich auf die Individualität des Mitarbeiters einstellen können (Verhaltensflexibilität zeigen).

Im Anschluß an *Sahm* (1981) seien einige Denkanstöße gegeben, abhängig vom Führungstyp bzw. von der (aktuellen) Einstellung des Vorgesetzten und den (aktuellen) Bedürfnissen des Mitarbeiters:

Führungstyp/ Führungseinstellung	Bedürfnis des Mitarbeiters	Führungsmittel/ Denkanstoß
Ausgleicher	Partnerschaft	Beteiligung
Tröster	Geborgenheit	Zuwendung
Anreger	Ehrgeiz	Ansporn
Ordner	Ordnung	Regelung
Beobachter	Sicherheit	Erklärung

Das Eingehen des Vorgesetzten auf den Mitarbeiter ist gerade in dem sensiblen Bereich der Mitarbeitermotivation von besonderer Relevanz. Ein Anreiz, etwa eine in Aussicht gestellte Beförderung, wird denjenigen motivieren, der ein persönliches Bedürfnis nach Beförderung hat — aber denjenigen möglicherweise geradezu demotivieren, der die mit Beförderung verbundene größere Verantwortung fürchtet. Der motivierende Wert eines Anreizes hängt von der individuellen, ja möglicherweise sogar von der situativ-aktuellen Bedürfnislage des Mitarbeiters ab. Der Mitarbeiter muß das „Angebot", den „Anreiz" zu schätzen wissen, wenn er motiviert werden soll.

Checkliste zur Überprüfung der Einstellung und des Verhaltens des Vorgesetzten

Die nachstehende Checkliste orientiert sich an *McGregor* (1971), *Scanlan* (1973) und *Stoewer* (1986):

— Habe ich meinen Mitarbeitern eindeutig dargelegt, welche Leistung ich von ihnen erwarte?
— Wissen die Mitarbeiter, warum ich als Vorgesetzter diese Leistung erwarte?
— Habe ich mit meinen Mitarbeitern die für ihre Arbeit bestimmenden Ziele vereinbart, d. h. habe ich sie bei der Zielformulierung mitwirken lassen?
— Sind die Rahmenbedingungen und Regeln — die betrieblichen „Normen" —, innerhalb derer sich Handeln zu vollziehen hat, verdeutlicht worden?
— Sind die Folgen, Konsequenzen der Nicht-/Schlechterfüllung besprochen worden?
— Sind die möglichen Behinderungen der Leistungserfüllung aufgelistet und besprochen worden?
— Habe ich mit den Mitarbeitern deren Leistungsvermögen im Hinblick auf diese Aufgabe erörtert?
— Habe ich die Aufgabe in dem gestaltbaren Rahmen so angelegt, daß vorwiegend die Stärken der Mitarbeiter zum Tragen kommen?
— Sind die Mitarbeiter für ihre Aufgabe gezielt vorbereitet worden?
— Erhalten sie alle für ihre Leistungserbringung mögliche und notwendige Unterstützung?
— Sind den Mitarbeitern die Auswirkungen ihrer Tätigkeit auf das Gesamtsystem klargemacht worden?
— Konnten die Mitarbeiter bei der Zielformulierung ihre Interessen, Erfahrungen und Vorstellungen einbringen?

- Haben Sie einen angemessenen Freiraum für eigene Entscheidungen?
- Können die Mitarbeiter überwiegend sich selbst kontrollieren und Fremdkontrolle lediglich als vorher abgestimmte zusätzliche Absicherung und Hilfestellung erleben?
- Sind die Mitarbeiter in alle wesentlichen leistungs- und sozialorientierten Informationskreisläufe einbezogen?
- Habe ich als Vorgesetzter auch den zwischenmenschlichen Bezug zu meinen Mitarbeitern herstellen können?
- Nehme ich zu den Leistungen meiner Mitarbeiter unmittelbar Stellung?
- Steht das Positive bei dieser Stellungnahme im Vordergrund?
- Erfahren die Mitarbeiter als Menschen Wertschätzung?
- Habe ich mit meinen Mitarbeitern ihren weiteren Werdegang besprochen?

Leitsätze für den Einsatz des Führungsmittels Motivieren

- Das Motivieren durch „Anreize" erfordert die Beachtung der Motivationsstruktur der Mitarbeiter. Was mich motiviert, muß noch lange nicht meinen Mitarbeiter motivieren
  Durch die Führung effektiver Mitarbeitergespräche lassen sich die stärksten Motive des Mitarbeiters erkunden. Die Berücksichtigung der jeweiligen Bedürfnisstruktur der Mitarbeiter, der gezielte, individuelle Einsatz betrieblicher Anreize durch den Vorgesetzten ist die Voraussetzung für die Leistung. Dabei wird nicht übersehen, daß viele Menschen aus reiner (anerzogener) Gewohnheit ihre Arbeit verrichten, die Leistungseinstellung im Betrieb — vor allem nicht mehr ganz junge Mitarbeiter — gleichsam als Selbstverständlichkeit, als Norm auffassen. Jede über diese „Normalleistung" hinausgehende Leistung bedarf jedoch gezielter Anreize. Damit soll nicht zum Ausdruck gebracht werden, daß die Normalleistung überhaupt keines Anreizes bedarf.

- Die Leistungsmotivation bedarf der Pflege
  Eine konstante Arbeitsleistung und eine gleichbleibende Leistungsmotivation sind nicht selbstverständlich. Es gehört zum Wesen von Motiven, daß eine Bedürfnisbefriedigung nur eine be-

grenzte Zeit anhält. Bei Hunger und Durst sieht das jeder ein. Häufig wird aber übersehen, daß auch Bedürfnisse nach Geltung, Anerkennung, Selbstbestätigung u. ä. analog zu sehen sind. Eine kontinuierliche, aufmerksame Pflege der Motive, Bedürfnisse der Mitarbeiter ist notwendig, wenn die Leistung nicht unter die Normalleistung absinken soll.

— Motivieren heißt, die Beweggründe des Mitarbeiters zum Handeln für betriebliche Aufgaben zu aktivieren
  Eine nützliche Klassifizierung der Motive ist die, sie in sogenannte intrinsische und extrinsische zu unterteilen. Intrinsische Motive sind solche, die durch die Arbeit selbst befriedigt werden können, extrinsische sind jene, die durch die Begleitumstände der Arbeit zufriedengestellt werden können. Es hängt also von der Art der Tätigkeit ab, ob ein Motiv ein intrinsisches oder extrinsisches ist.
  Beispiel: Das Kontaktbedürfnis kann für den Kundenberater ein intrinsisches Arbeitsmotiv sein, für den Einzelarbeitsplatz in der Qualitätssicherung nicht. Dem Vorgesetzten obliegt es nun, starke individuelle Motive des Mitarbeiters als intrinsische zu nutzen; somit ist auf den Eignungsaspekt verwiesen, der sich nicht nur auf die Fähigkeiten, sondern auch auf die Motivation erstreckt.

— Leistungsziele motivieren, wenn sie hochgesteckt, jedoch auch erreichbar sind
  Echte Erfolgserlebnisse stellen sich nur ein, wenn sie gegen Widerstände errungen werden. Leistungsziele sollen zu Erfolgserlebnissen führen. Wenn keine realen, realistischen Ziele gesetzt wurden, die der Leistungsfähigkeit des Mitarbeiters angemessen waren, kann sich auch keine echte Zufriedenheit einstellen.

— Es soll eine klare, quantifizierbare Zielvorgabe und eine verläßliche Rückmeldung über den jeweiligen Leistungsstand und das Arbeitsergebnis angestrebt werden
  Eine klare Information in allen Stadien einer Aufgabenerledigung ermöglicht Vorgesetzten und Mitarbeitern, den Arbeitsablauf bei nicht-tolerierbaren Soll-Ist-Abweichungen zu steuern. Erkannte Soll-Ist-Abweichungen wirken oft schon als solche motivierend. Dieser motivierende Rückkoppelungseffekt soll die Anwendung der Führungsmittel Anerkennung und Kritik mit

einschließen. Der Mitarbeiter gewinnt durch eine sachliche Orientierung Sicherheit und im weiteren Verlauf Selbstsicherheit. Mit der Selbstsicherheit wächst die Bereitschaft zur Übernahme schwierigerer Arbeitsaufgaben.

— Das Aufzeigen der Bedeutung der Arbeit des Mitarbeiters im Unternehmen kann motivierend wirken
  Nicht wenige Menschen beziehen ihre persönlichen Eigenwertvorstellungen aus der Bedeutung ihrer Arbeit. Darüber hinaus ist der Prestigewert der täglichen Arbeit in den Augen der mitmenschlichen Umwelt nicht zu unterschätzen. Der Vorgesetzte wird deshalb gut beraten sein, wenn er die Bedeutung der Arbeit seines Mitarbeiters klar herausstellt.

Literatur

Adler, A.: Praxis und Theorie der Individualpsychologie. München 1924

Behrenson, C. und *H. O. Ruhnke:* Wie man Stellenbeschreibungen durchführt. Wiesbaden 1977

Brugger, W.: Philosophisches Wörterbuch. Freiburg 1971

Buber, M.: Wörterbuch der Philosophie. 1975

Drewer, J. und *W. J. Fröhlich:* Wörterbuch der Psychologie. München 1975

Frankl, V. E.: Der Mensch auf der Suche nach Sinn. Freiburg, Basel, Wien 1973

French, J. P. R. Jr. and *B. Raven:* The bases of social power, in: *Cartwright, D.* (Hrsg.): Studies in Social Power, Ann. Arbor. Mich. 1959

Fußhöller: Aggressivität. Ztschr. f. Versichw. 1972

Gasser, Ch.: Der Mensch im modernen Industriebetrieb. Köln, Opladen 1958

Glaubrecht, H.: Die Führungskonzeption der Reetsma Cigarettenfabriken GmbH, in: *Töpfer* und *Zander* (Hrsg.): Führungsgrundsätze und Führungsinstrumente. Frankfurt 1982

Gracian, B.: Handorakel und Kunst der Weltklugheit; übersetzt von *A. Schopenhauer*

Graessner, D.: Verhaltenstherapie. München, Basel 1979

Guilford, J. P.: Persönlichkeit. Weinheim 1965

Höhn, R.: Verwaltung heute. Autoritäre Führung oder modernes Management. Bad Harzburg 1970

Höhn, R. und *G. Böhme:* Führungsbrevier der Wirtschaft. Bad Harzburg 1969

Jonas, H.: Das Prinzip der Verantwortung. Insel Verlag 1982

Karger: Verantwortung, in: Management-Lexikon, Gernsbach 1985

Kiechl, R.: Macht im kooperativen Führungsstil. Bern, Stuttgart 1985

Kiefer, J.: Grundwertorientierte Unternehmenspolitik und ethisches Vorbild der Führungskräfte. Vortrag vor dem oberen Führungskreis der BMW. München 1982

Knebel, H. und *H. Schneider:* Taschenbuch der Führungsgrundsätze. Heidelberg 1983

Korff, E. und *W. Schmidt:* Menschen beurteilen und Menschen führen. Heidelberg 1983

Krumboltz, J. D. und *B. Potter:* Verhaltenstherapeutische Techniken für die Entwicklung von Vertrauen, in: *Grave, K.* (Hrsg.): Verhaltenstherapie in Gruppen. München 1984

Lattmann, Ch.: Führungsstil und Führungsrichtlinien. Bern 1975

Lehmann, G.: Praktische Arbeitsphysiologie, Stuttgart 1962

Lersch, Ph.: Der Aufbau der Person. München 1956

Lewin, K.: Prinziples of Topological Psychology. New York, London 1936

Lewin, K.: Experiments on Autocratic and Democratic Atmospheres, in: The Social Frontier, No. 4, 1938

Likert, R.: Neue Ansätze der Unternehmensführung. Bern 1972

Machiavelli, N.: Der Fürst. Karlsruhe 1933

Mann, R. D.: A review of the relationsship between personality and performance in small groups. Psychol. Bull. 56, 1959

Mayer, A.: Die Betriebspsychologie in einer technisierten Welt, in: *Mayer* und *Herwig* (Hrsg.): Handbuch der Psychologie, Bd. 9. Göttingen 1970

McGregor, D.: Der Mensch im Unternehmen. Düsseldorf 1971

Müller, M. und *A. Halder*: Kleines philosophisches Wörterbuch. Freiburg 1958

Neske, F.: Autorität, in: Management-Lexikon. Gernsbach 1985

Neuberger, O.: Führungsverhalten und Führungserfolg. Berlin 1976

Odiorne, G. S.: Management by Objectives. München 1980

Padberg, L. v.: Freiheit und Autorität. Wuppertal 1984

Parsons, T.: Theorie sozialer Systeme. Opladen 1986

Peddinghaus, J. und *U. Czisnik*: Management bei Beiersdorf, in: *Töpfer* und *Zander* (Hrsg.) 1982

Petermann, F.: Psychologie des Vertrauens. Salzburg 1985

Pieper, J.: Über das christliche Menschenbild. München 1964

Pribilla: Lexikon der Pädagogik der Gegenwart. Freiburg 1930

Pullig, K.-K.: Brevier der Konferenztechnik. Bern, Stuttgart 1981

Raidt, F.: Das Führungskonzept der Vereinigten Versicherungsgruppe, in: *Töpfer* und *Zander* (Hrsg.) 1982

Remplein, H.: Psychologie der Persönlichkeit. München 1967

Rohmert, W. und *Landau*: Arbeitswissenschaftliches Erhebungsverfahren. Stuttgart, Bern 1979

Rosner, L.: Moderne Führungspsychologie. München 1983

Sahm, A.: Personalführung. München 1974

Sahm, A.: Humanisierung im Führungsstil. Frankfurt 1977

Sahm, A.: Übungsziel: Führungsverhalten. Berlin 1981

Sahm, A.: Was Führungskräfte heute zur Leistung motiviert. Kissing 1981

Scanlan, B. K.: Erfolgreiche Mitarbeitermotivierung. München 1977

Schmidt, W.: Psychologische Aspekte krankheitsbedingter Fehlzeiten im Betrieb. Berlin, Köln, Frankfurt 1967

Schmidt, W.: Vorgesetztenpersönlichkeit. Frankfurt, Bern, Cirencester/U. K. 1979

Schmidt, W.: Karriere und Partnerschaft, Heidelberg 1984

Schmidt, W.: Führungsethik. Heidelberg 1986

Schmidt-Mummendey, A.: Autorität, in: *Arnold* u. a. (Hrsg.): Lexikon der Psychologie. Freiburg 1976

Stoewer, G.: Motivierungshilfen aus der Praxis. Heidelberg 1986

Stogdill, M. R.: Personal factors associated with leadership: A servey of the literature. Journal of Psych. 1948, 25

Stogdill, M. R.: Leadership, membership and organisation. Psychol. Bull. 47, 1950

Stogdill, M. R. and *C. L. Shartle:* Methods of the Study of Administrative Leadership. Columbus, Ohio 1955

Stroebe, R. und *G. Stroebe:* Führungsstile. Heidelberg 1981